Yvonne Pereira
UMA HEROÍNA SILENCIOSA

PEDRO CAMILO

YVONNE PEREIRA
UMA HEROÍNA SILENCIOSA

lachātre

© 2004 Pedro Camilo

INSTITUTO LACHÂTRE
Caixa Postal 164 - CEP 12914-970
Bragança Paulista – SP
Telefone (11) 4063-5354
www.lachatre.org.br
lachatre@lachatre.org.br

CAPA
Andrei Polessi
Foto da capa: Yvonne Pereira aos doze anos
Foto da quarta-capa: Yvonne Pereira em uma de suas últimas fotos

5ª edição – 1ª reimpressão – Novembro de 2014
11.001º ao 14.000º exemplar

A reprodução parcial ou total desta obra, por qualquer meio, somente será permitida com a autorização por escrito do Instituto Lachâtre. (Lei nº 9.610 de 19.02.1998)

Impresso no Brasil
Presita em Brazilo

CIP-Brasil. Catalogação na fonte

Camilo, Pedro, 1981-
    Yvonne Pereira: uma heroína silenciosa / Pedro Camilo. – Bragança Paulista, SP : Lachâtre, 2014.
    160p.

    1.Pereira, Yvonne do Amaral, 1900-1984, biografia. 2.Espiritismo. 3.Mediunidade. I.Título.

CDD 133.9   CDU 133.7

Berthe de Sourmeville [Yvonne] não era de têmpera a sofrer esperas e incertezas. Era uma alma positiva e arrojada, insofrida e intimorata, que não se resignara a situações passivas. No dia em que essa alma se renovasse para o amor de Deus e se desse à prática do Bem seu triunfo repercutiria nos Céus e ela seria considerada exemplo para as almas frágeis, que se deixam descrer do próprio progresso.

Charles[1]

---

1 PEREIRA, YVONNE A. (médium); CHARLES (espírito). O cavaleiro de Numiers, 7ª ed., Rio de Janeiro, FEB, 1991, p. 164.

A Márcia Vieira Damasceno, minha mãe, através de cujo ventre abençoado me foram abertas as portas da reencarnação redentora.

A meu pai, Itajaci José Santos Figueirêdo, cujos exemplos de honradez e renúncia, carinho e dedicação irrestrita em favor da felicidade dos filhos têm sido o buril da minha vida e do meu caráter.

Agradecimentos

Folheando o livro *Psicodrama e psicoterapia*,[2] de Alfredo Correia Soeiro, encontrei um pensamento que reflete em tudo o meu sentimento. Em outras palavras, ele afirma que, embora tendo em epígrafe o nome do autor, uma obra é a soma de um conjunto de opiniões, composto por aqueles que colaboraram para se alcançar um grau de amadurecimento suficiente que justifique sua publicação.

Assim aconteceu com a presente obra. Não obstante estampe meu nome, ela é fruto não apenas do meu esforço pessoal, mas também da contribuição valiosa de muitos, aos quais voto grande gratidão.

Agradeço, portanto:

a Deus e aos amigos invisíveis que, de uma forma inimaginável, inúmeras vezes fizeram com que à minha mão viessem importantes informações, indicando caminhos e descaminhos, fazendo-me carregar a certeza de que essa é uma obra escrita a diversas mãos e mentes – um dia contarei como tudo aconteceu;

aos distintos Hermínio C. Miranda, Carlos de Brito e Carmem Imbassahy, Affonso Soares, Hélio Ribeiro Loureiro, Augusto M. Freitas, Suelly Caldas Schubert, J. Raul Tei-

---

2 SOEIRO, ALFREDO CORREIA. *Psicodrama e psicoterapia.* 1ª ed., São Paulo, Editora Natura, 1976.

xeira, Divaldo Pereira Franco, Jorge Rizzini e Domério de Oliveira, pela atenção com que me receberam;

ao casal Mauro e Elisabeth Operti, membros da família de Yvonne do Amaral Pereira (aos quais cheguei por intercessão da querida amiga Maria Helena Sarmento Figueiredo), que me trataram com imenso carinho, deles recebendo importantes contribuições;

aos amigos Edilton Costa Silva, Vilma Santos, Lino Costa, Maristela Oliveira, Vlad Lobão (meu irmão), Eládio dos Santos (meu tio), Robson Santana, Daniel Rodrigo, Orvile Teixeira Fernandes, Florêncio Anton, Sidnei Rocha e Guilherme Martins, pelas constantes expressões de estímulo e pelo apoio material e moral;

ao querido amigo Elzio Ferreira de Souza, em cujas lúcidas exortações encontrei segurança e orientação, nas belas tardes passadas na *Casinha* (Círculo Espírita da Oração) e nas longas conversas ao telefone, e que depositou em meu trabalho não um voto, mas toda uma urna de confiança;

e, para finalizar, agradeço à minha amiga Vera Santos, que viveu lado a lado comigo nesta 'aventura', e que, com toda propriedade, pode reclamar para si uma parte da autoria deste livro.

A todos, um muito obrigado do coração!

Sumário

À guisa de esclarecimento. 13

Prefácio à segunda edição 17

I – Yvonne em breves linhas 19

II – Yvonne: trajetória das encarnações 25

III – Yvonne: perfil doutrinário 33
    1. Lucidez de raciocínio 34
    2. Discernimento e segurança 36
    3. Lições de humildade 41

IV – Yvonne e a mediunidade. 45
    1. Vidência e audiência. 46
    2. Psicografia e desdobramento 47
    3. Psicofonia e oratória. 51
    4. Receituário e cura. 52
    5. Efeitos físicos 55
    6. Psicometria 56
    7. Premonição 57

V – Yvonne e as produções literárias 61
    1. As primeiras obras. 62
    2.As contribuições de Charles e de Bezerra 66
    3. Os contos de Tolstoi 69

VI – Yvonne e o suicídio 75
    1. Atendimento a suicidas 77
    2. A reencarnação de um suicida ilustre 82
    3. Salvando vidas. 85

VII – Yvonne, a obsessão e a desobsessão 91
   1. Curiosos casos de obsessão 93
   2. O que pensava da desobsessão. 99
   3. Obsessão coletiva simples 101

VIII – Yvonne educadora 105
   1. Oratória espírita 106
   2. Serviço de orientação espiritual 109
   3. Frederico Francisco. 111

IX – Yvonne e os amigos. 115
   1. Carlos Imbassahy. 117
   2. Divaldo Pereira Franco 119
   3. Francisco Cândido Xavier 121
   4. Hermínio C. Miranda 124
   5. Affonso Soares 125
   6. Jorge Rizzini 128
   7. Miltes A. S. C. Bonna 129
   8. Domério de Oliveira 131

X – Yvonne: respingos breves e avulsos 133
   1. Notícias de *Memórias de um suicida* 134
   2. *Yvonne do Amaral Pereira – O vôo de uma alma* 134
   3. Entrevista a Humberto de Campos. 135
   4. O esperanto e um curioso caso de reencarnação 136
   5. "Sorriso de Esperança" homenageia Yvonne A. Pereira. . 137
   6. O mês de Yvonne 138
   7. O Centro Espírita Yvonne Pereira 138
   8. Mais uma vez o esperanto 139
   9. O Projeto Yvonne Pereira 140
   10. Yvonne teria sido professora? 141

XI – Yvonne Pereira: uma heroína silenciosa. 145

Anexo 149

Bibliografia 155

À Guisa de Esclarecimento

Falar de biografias no movimento espírita é vislumbrar uma imensa lacuna. É como contemplar um tanque de mil litros de capacidade contendo poucos centímetros de água renteando o fundo.

Existe muito ou quase tudo por se fazer. A memória dos grandes vultos do espiritismo no Brasil, a exemplo de Júlio César Grandi Ribeiro, Zilda Gama, Ana Prado, Benedita Fernandes e outros, permanece legada a um escuro compartimento da nossa mente, vivendo no mais amargo esquecimento.

Não obstante seja essa a regra, há exceções que rompem as barreiras do comum nos nossos dias e se lançam a resgatar alguns desses nomes que, em verdade, representam muito mais do que letras reunidas sinalizando uma individualidade.

Veja-se, a propósito, o esforço do professor Lamartine Palhano Jr. Possuidor de um bom fôlego para aglutinar e analisar informações, teve, entre suas preocupações, resgatar a memória de grandes espíritas através de estudos biográficos. Assim surgiram os projetos sobre Mirabelli, Jerônimo Ribeiro, Peixotinho, Elizabeth d'Esperance, Eusápia Paladino e Fénelon Barbosa, reunindo documentos e lembranças destes admiráveis protagonistas da imortalidade.

Embora seu esforço e de tantos outros que se lançam a escrever biografias, vultos existem que estão a exigir estudos mais aprofundados. Entre estes, temos Yvonne do Amaral Pereira, sobre quem resta muito por dizer. Apesar de já contarmos com o livro de Augusto M. Freitas – *Yvonne do Amaral Pereira* – *o vôo de uma alma* –, a personagem é tão rica que seria mesmo impossível tratar de todos os aspectos de sua personalidade em uma só obra. Destarte, justifico a aventura da pesquisa que realizei, procurando enfocar novos aspectos de sua brilhante mediunidade.

D. Yvonne, como ficou conhecida por todos, foi uma das mais notáveis médiuns que frutesceu no Brasil. Contemporânea de Zilda Gama e de Chico Xavier, a riqueza de suas obras, a fineza de seu estilo e a fidelidade ao ensino espírita distinguem-na no corpo mediúnico pela sublimação que atingiu sua mediunidade.

Yvonne conseguiu não somente sublimar suas faculdades, mas também, junto com elas, sublimou a si mesma, refazendo toda uma história de desenganos do passado. Suicida reencarnada que era, não estava em sua programação uma vida de facilidades, mas daquelas dificuldades que insculpem na alma eloqüentes lições de amor. Exemplo de renúncia, sua vida foi eivada de sacrifícios pessoais, visto que o seu testemunho deveria ser o do esquecimento de si mesma em favor do próximo. Distante dos holofotes do mundo, escreveu seus artigos, consolou obsediados e obsessores, receitou e curou, evangelizou, libertou inúmeras almas da ignorância e amparou suicidas. Como psicógrafa, deixou algumas obras, assinadas por Léon Tolstoi, Bezerra de Menezes, Charles e Camilo Castelo Branco, de quem recebeu o Memórias de um suicida, que a imortalizou no papel de medianeira.

Foi um 'acaso' inteligente, só justificável pelo Dedo Divino interferindo em nossa vida, que a ela me conduziu, não mais me desligando. Em uma tarde, no dia 25 de janeiro de 1999, tinha à mão o livro *As mulheres médiuns*, de Carlos Bernardo Loureiro. Tendo-o aberto a esmo, sua vida saltou-me ao coração ao ler as páginas que lhe eram dedicadas. Desde então, uma vontade incontrolável de falar, de escrever, de pensar sobre ela me dominou. E mais cresceu quando, inquirindo os confrades mais experientes, pouco ou quase nada tinham a dizer-me sobre a luminosa mulher. Tomei uma decisão: "escreverei algo sobre a sua vida". Assim aconteceu.

No momento em que traço estas despretensiosas linhas, contemplo o resultado e rememoro os não poucos revezes que enfrentei, mas também a felicidade de ter, ao longo de quase quatro anos, pesquisado, estudado, vivido e revivido a história de Yvonne do Amaral Pereira.

Aí está a obra. Nela, busquei tratar em onze capítulos relacionados no índice: perfil doutrinário, mediunidade, obsessão/desobsessão, reencarnações, amizade, livros, atividades educativas e notícias diversas. Intercalo, aqui e ali, observações feitas por amigos encarnados e desencarnados, como Domério de Oliveira e o espírito Vianna de Carvalho. Resgato textos e informações esquecidas em livros e periódicos há muito tempo fora do alcance do público, bem assim outras informações inéditas sobre a médium.

Esta é uma biografia tecida com os fios do sentimento, registrando "eloqüentes lições de amor" de quem superou as intempéries do destino, sublimando-o, que não sucumbiu frente às asperezas de uma estrada umedecida pelo limo do sofrimento. Lições de um amor vitorioso, heróico, que venceu séculos de descaminho, registrando na Terra a mensagem celestial.

Foi entre lágrimas e provações que Yvonne descobriu um amor diferente – o Amor de Jesus, devendo ser reconhecida não apenas como uma médium, e sim – *uma heroína silenciosa*!

PEDRO CAMILO
Salvador, 05 de Janeiro de 2003.
pedcamilo@yahoo.com.br

Prefácio à Segunda Edição

Com este prefácio, entrego ao público espírita o livro *Yvonne Pereira: uma heroína silenciosa* numa edição revista e ampliada.

Uma segunda edição se impunha como necessidade básica, essencial. Desde a sua publicação, novas portas se abriram revelando nuances que escaparam às suas páginas e que mereciam registro.

Eu esperava, com efeito, vê-la aceita pelo movimento espírita, mas confesso ter ficado surpreso com a sua repercussão. Mais do que nunca, me convenço de que os livros ganham vida própria desde quando chegam às prateleiras. Por isso mesmo, esta 'minha obra', por já não ser minha, seguiu seus próprios caminhos, traçados como foram por aqueles que a inspiraram...

Foi assim que, em breve tempo, cartas, *e-mails* e telefonemas me foram trazendo informações e convites, além de darem a grata satisfação de incluir, no meu rol de amigos, aqueles que privaram de contato estreito com Yvonne Pereira. Percebi, então, que os dela já eram, também, meus amigos, e que, juntos, pretendíamos acrescentar um "algo mais" a este pequeno estudo sobre sua vida.

Surgiram, então, Luis Cavalcanti, Renaldo di Stazio, Alexandre Rocha, Danilo e d. Nilda Villela, Miltes A. S. C. Bonna e Altivo Pamphiro, que não vieram somar, mas multiplicar esforços para o melhoramento da obra.

Não menos importante foi o apoio dos amigos Allan Paulo, Raimundo Brito, Sidnei e d. Francisca, da cidade de São Bernardo do Campo, São Paulo, que iniciaram o Projeto Yvonne Pereira e dedicam à médium um carinho especial, fruto de benefícios recebidos dessa alma que a todos encantou quando encarnada e que continua despertando afeições.

Sim, isso mesmo! De todas as surpresas e descobertas, a que mais me emocionou, certamente, foi o grande respeito de que é alvo Yvonne do Amaral Pereira. Todos os que chegaram até mim, que a conheceram ou mesmo que apenas leram suas obras, acusam a alta estima reservada a Yvonne em seus corações, por reconhecerem, nela, um exemplo a ser seguido e sempre, sempre lembrado.

Sinto-me feliz, portanto, ao perceber que não estou sozinho na admiração e no respeito que dedico a esse espírito de quem tenho recebido grandes benefícios.

E para aqueles que sempre me perguntam o por quê de ter escrito sobre Yvonne, gostaria de responder:

– Eu, propriamente, nada escrevi sobre ela. Yvonne simplesmente me surgiu, há exatos seis anos, e, de lá até aqui, sua presença tem embalado minha vida. Ela tem sido um espírito sempre presente, amparando e ensinando. Apenas a traduzi, apesar das minhas limitações e conforme me impeliram as forças do invisível, tentando dar um pouco de mim em favor de quem muito tenho recebido...

E para não deixar que a emoção arrebente o dique da razão e extravase peito afora, desejo a todos uma boa leitura e que se deixem contagiar pela onda de coragem e renovação em que a vida de Yvonne do Amaral Pereira nos envolve.

PEDRO CAMILO
Salvador, 25 de janeiro de 2005.

I – Yvonne em breves linhas

> Eu não me tornei espírita. Em toda a minha vida fui espírita porque meu pai já era espírita em solteiro, antes do meu nascimento. Então, me criei nessa doutrina e nunca tive outra.
>
> Yvonne[3]

Eis uma tarefa bastante melindrosa – falar de Yvonne do Amaral Pereira *em breves linhas*. Sim, porque estou diante de um dos maiores fenômenos mediúnicos que o Brasil já produziu. E leia-se "um dos maiores fenômenos" não se levando em conta a noção de quantidade, mas de qualidade. Qualitativamente, ela é um dos mais importantes médiuns do Brasil.

A necessidade de resumir a sua jornada terrestre é patente, mesmo porque estou convicto de que esse trabalho será lido não apenas por quem já conhece o espiritismo, mas também, e principalmente, por muitos iniciantes. Por isso, nada mais justo do que apresentar a biografada.

Com vocês,

YVONNE DO AMARAL PEREIRA

Foi no Rio de Janeiro onde ela nasceu, numa localidade que recebia o nome de Villa de Santa Thereza de Valença, atual Rio

---

3   RIZZINI, JORGE. *Kardec, irmãs Fox e outros*. 2ª ed., Capivari, EME, 1995, pp. 127-128.

Certidão de Nascimento de Yvonne Pereira.

das Flores. O ano, 1900; o dia, 24; o mês, dezembro. Pois foi na simbólica véspera do nascimento do Cristo que Yvonne 'veio ao mundo' mais uma vez.

Yvonne notabilizou-se no movimento espírita pelas suas produções literárias. Aliás, ela já escrevia sobre literatura desde a adolescência! E o fazia muito bem. Alguns de seus textos foram, inclusive, publicados em diversos periódicos da época, segunda década do século XX. Sem dúvidas, um fato singular, posto que ela mal tinha o curso primário! Uma verdadeira autodidata.

Embora sua capacidade de aprender e traduzir claramente seus pensamentos, em fase alguma de sua vida ela foi professora, diferente do que se supôs durante muito tempo.

Com o passar dos anos, ela percebeu que alguns de seus escritos tratavam-se de textos inspirados, e porque não dizer – psicografados. Percebendo-se médium psicógrafa, submeteu-se à influência dos espíritos, adestrando-se para a difícil tarefa que o correr dos anos revelaria em sua jornada – a literatura mediúnica.

Foram, ao todo, dez obras psicografadas, três coletâneas de artigos escritos por ela mesma e três contendo relatos autobiográficos, somando-se dezesseis obras. Alguns desses livros foram escritos ainda em sua juventude, como é o caso de O *cavaleiro de Numiers* e O *drama da Bretanha*, ditados, inicialmente, por Roberto de Canallejas, posteriormente revistos por Charles, espíritos sobre quem falarei em momento próprio.

No entanto, o principal livro ditado através dela, não só daquela época, mas também de sua tarefa mediúnica, foi, sem dúvidas, *Memórias de um suicida*, um marco na literatura mediúnica mundial. Essa pérola do além lhe foi ditada, nos idos de 1926, pelo saudoso romancista português Camilo Castelo Branco, que morreu através do suicídio.

Utilizando-se das possibilidades mediúnicas de Yvonne, o escritor veio mostrar, baseando-se em suas próprias memórias, o doloroso estado dos espíritos suicidas no além, na erraticidade, trazendo riqueza de detalhes do vale dos Suicidas, além de preciosas lições acerca das leis de causalidade. Prudente, Yvonne não teve coragem de tornar pública a obra, porque tinha dúvida de seu conteúdo. Esperou quase trinta anos, dando-a à publicidade em 1956.

E não foi por acaso que Yvonne Pereira foi feita veículo de um livro tão significativo! Espírito comprometido com as leis da vida, a médium tinha graves envolvimentos com suicídios, próprios e alheios. Na existência que teve antes desta, no Brasil (para falar apenas de uma), ela cometeu tal ato, arrastando graves conseqüências para a nova programação.

Veja-se, por exemplo, o que aconteceu aos seus 29 dias de nascida. Sofrendo uma crise de sufocação, o pobre bebê morreu, mas só aparentemente. Foram seis horas de angústia e apreensão, que só tiveram fim graças à bondade divina manifestada através do coração de d. Elisabeth do Amaral Pereira, sua mãe. Esta, em prece fervorosa a Maria de Nazaré, mãe de Jesus, pediu a bênção de ter a sua filhinha de volta, pois o seu coração materno dizia que a menina não estava morta. E ela retornou, sim, mas não para uma vida de alegrias, e sim de sofrimentos, de duras provações. Este foi, apenas, o primeiro reflexo do suicídio.

Quando tinha algo em torno dos cinco anos de idade, passou a ter percepções mediúnicas. Via os espíritos com tanta nitidez que, por vezes, confundia a si própria e aos seus familiares. A visão de dois espíritos, em especial, marcou não só a infância, mas também a sua adolescência: Roberto de Canallejas e Charles. O primeiro, antigo esposo e médico espanhol em sua última romagem física, cuja morte a leva ao desespero e ao autocídio; o segundo, o companheiro de tantas existências e pai amoroso. Aliás, ela só reconhecia a Charles como seu pai, sentia imensa falta dele, e sofria com a sua ausência, por não poder tateá-lo, por não poder abraçá-lo. Sofria porque as fronteiras invisíveis do além se interpunham entre ambos.

Ainda como conseqüência da prática do suicídio, no ano de 1942 ela sofreu um duríssimo processo, um *transe incompreensível*, conforme suas próprias palavras, deixando-a por dois meses prostrada em cima de uma cama. Durante esse período, mal se alimentava, permanecendo como morta-viva – mas viveu intensamente da vida espiritual, vendo-se presa de variados complexos, adentrando os 'arquivos da alma'. Reviu trechos de existência transata, experimentou as agruras do Vale dos Suicidas, foi envolvida por espíritos inferiores e passou por verdadeiras cirurgias perispirituais. Uma experiência marcante, sem igual.

Maior não foi a sua dor por ter, graças à misericórdia divina, renascido num lar espírita. Seu pai, Manoel José Pereira, não só era adepto do espiritismo – também realizava reuniões em sua casa. E foi ali, no próprio lar, onde Yvonne assistiu à sua primeira reunião mediúnica, aos doze anos. Foi do pai que recebeu, de presente, seus primeiros exemplares de O *livro dos espíritos* e de O *evangelho segundo o espiritismo*, com a mesma idade. Nesse período, teve seus primeiros contados com o Médico dos Pobres – dr. Adolfo Bezerra de Menezes Cavalcanti, e com Camilo Castelo Branco. E, a partir de então, passou a dedicar a sua vida à causa espírita.

O casamento não fez parte de suas experiências, embora tenha se entregado a alguns namoros, que não prosperaram devido à intervenção dos espíritos. Apenas uma vida de renúncias e dedicação aos sofredores. Destes, ela aprendeu a tratar dentro de casa, pois não era difícil ver seu pai dando abrigo a mendigos e necessitados que comiam na mesma mesa e dormiam sob o mesmo teto que ela.

Não tinha muitas posses, não mesmo. Seu pai, depois de fracassar como comerciante – ele favorecia os seus 'clientes' e

Frente da casa em que Yvonne morou
em Barra do Piraí, hoje demolida.

23

desfavorecia o próprio bolso –, tornou-se funcionário público, mas a situação da família não era das melhores. Daí o fato dela não ter completado seus estudos. Daí, também, o porquê de não ter sequer condições de comprar papel para psicografar. Como fazia? Psicografava em papel de pão! Como este tipo de papel era enorme, ela cortava-o em formato próprio, fazia seus cadernos e... psicografava. Na mesa? Não. Muitas vezes o fez em cima de caixotes! Foi assim especialmente no seu início.

Apesar de todos os percalços do caminho, Yvonne manteve-se fiel aos compromissos assumidos. Sempre prestimosa, dedicou-se de corpo e alma – com esta última, principalmente – ao socorro dos suicidas e dos obsessores, através de desdobramentos e da psicofonia. Também se entregou ao receituário homeopático, tarefa de que se desincumbiu com maestria, tendo a secundá-la os espíritos Bittencourt Sampaio, Bezerra de Menezes e Roberto de Canallejas, dentre outros. Também foi assistida por Inácio Bittencourt, Léon Tolstoi, Eurípedes Barsanulfo e Léon Denis. O segundo deixou verdadeiras pérolas psicografadas; o último foi o orientador judicioso, um amigo inseparável. Ela mesma conta que, após ler a obra O *problema do ser, do destino e da dor*, resolveu apelar para o memorável continuador de Kardec, posto que o próprio Léon Denis afirma, na citada obra, que faria o possível para atender a qualquer apelo que se lhe fizessem após a desencarnação, o que de fato aconteceu com ela.

Ainda um detalhe importante: Yvonne foi esperantista! Abraçou, convicta, a proposta de uma língua internacional. Mais por ela não pôde fazer, devido à sua falta de tempo, tesouro esse completamente tomado por seus afazeres. Dentre estes, destaca-se seu hábito saudável de corresponder-se com imenso número de pessoas. Ela gostava muito de receber e escrever cartas – ela gostava muito de fazer amigos!

Médium de diversas possibilidades (psicografia, receitista, de desdobramento, psicofonia, vidência etc.); personalidade forte, fiel aos ditames espíritas; educadora, *lato senso*; amiga e irmã dos obsessores; companheira inigualável – Yvonne do Amaral Pereira retornou à pátria espiritual no dia 9 de março de 1984, deixando para trás um verdadeiro traço de luz, em cujo rastro buscaremos viajar, nas próximas páginas, tentando conhecer um pouco mais sobre sua vida de renúncia e realizações.

II – Yvonne: trajetória das encarnações

> Minha primeira infância destacou-se pelo traço de infortúnio, que foi certamente a conseqüência da má atuação do meu livre arbítrio em existências passadas. E uma das razões de tal infortúnio foi a lembrança, muito significativa, que em mim permanecia da última existência que tivera.
>
> Yvonne[4]

Após as breves linhas iniciais, nada mais justo que fazer um mergulho através do tempo, tentando, dentro dele, resgatar a trajetória reencarnatória de Yvonne do Amaral Pereira.

Tomarei como base os informes que foram dados através da própria médium, em suas obras mediúnicas. São relatos de suas existências pretéritas, onde podemos encontrar as raízes profundas dos seus dissabores atuais.

Os relatos de suas existências, rememoradas dolorosamente, estão encerrados nos livros: *Sublimação, Nas voragens do pecado, O cavaleiro de Numiers, O drama da Bretanha, Um caso de reencarnação – eu e Roberto de Canallejas, Recordações da mediunidade* e *Devassando o invisível*. É a partir deles que cito e comento, à luz das leis de causalidade.

---

4 PEREIRA, YVONNE A. *Recordações da mediunidade*. 7ª ed., Rio de Janeiro, FEB, 1992, p. 44.

* * *

Ano 40 da Era Cristã.

Por esse tempo, Jesus Cristo já tinha sido crucificado e sua mensagem começava a se espalhar pela Europa e pela Ásia.[5]

Não muito distante do local onde se deu o calvário do Mestre, existia um desconhecido reino no Oriente, governado por um belo príncipe, homem temido e impiedoso, extremamente rigoroso com seu povo, indiferente às quinze esposas que possuía, alguém bastante solitário. Seu nome era Sakaran.

Tinha um servo, de sua inteira confiança, que se convertera ao cristianismo e a todo custo tentava trazer o soberano para a crença libertadora. E viu a oportunidade nascer na figura de uma bela jovem chamada Lygia, de dezoito primaveras, que muito o amava e desejava.

Estava próximo o aniversário do príncipe, e, na tentativa de sensibilizar o coração de Sakaran, seu servo resolveu oferecer-lhe Lygia como presente, segundo o costume da época, acreditando que a força do amor daquela jovem seria superior à melancolia de tão belo homem.

Num momento especial, no meio da festa, Lygia invadiu o salão, bailando e espargindo encanto. Como que hipnotizado, Sakaran não tirava dela os olhos, até que, em evoluções variadas, Lygia foi sentar-se ao seu lado, numa cadeira até então reservada para a sua eleita. Encontravam-se, então, almas que continuariam juntas através dos séculos, unidas por um amor capaz de mover céus e terras...

Depois de passarem por desencontros e experiências variadas, Sakaran e Lygia tornaram a se encontrar. O cenário foi a França, às margens do Reno, em plena Reforma Luterana, no século XVI. Sakaran, então, era Carlos Filipe II, médico e pregador protestante; Lygia era Ruth-Carolina, sua irmã, jovem e imatura.[6]

---

5   PEREIRA, YVONNE A. *Sublimação*. 6ª ed., Rio de Janeiro, FEB, 1990, pp. 125-140.

6   PEREIRA, YVONNE A. *Nas voragens do pecado*. 7ª ed., Rio de Janeiro, FEB, 1989.

Nascidos no seio de uma família de prestígio na sociedade francesa, eram protestantes convictos. Viviam a época das grandes perseguições aos huguenotes,[7] e eles e sua família contavam-se no número dos que abraçaram de bom coração as idéias revolucionárias de Lutero.

Carlos era o primogênito, enquanto Ruth, jovem de dezoito anos, era a caçula. Sempre venerada pelo irmão mais velho, devido aos laços do pretérito, dele recebeu educação requintada, sendo pelo mesmo orientada nos princípios do Evangelho. Viviam em paz, até que os ecos da matança de São Bartolomeu[8] chegaram até a Renânia.

Certo dia, informado do trabalho filantrópico que desenvolvia aquela família sob a égide da Reforma, Luís de Narbone, jovem belo, altivo e fidelíssimo aos preceitos católicos, chamado o Capitão da Fé e comprometido com o massacre dos huguenotes, enviou a Carlos Filipe II uma correspondência, onde dizia que sua família deveria sair do solo francês; caso contrário, seriam mortos! Dispostos a sacrificarem a própria vida pelo Evangelho, como os primeiros cristãos, eles decidiram permanecer na terra de seus antepassados, que tantos serviços prestaram à coroa. Demandaram, porém, exilar Ruth em casa interiorana de Otília de Louvigny-Raimond, a jovem nobre com quem Carlos deveria se casar.

Dias após a partida de Ruth-Carolina, o Capitão da Fé invadiu com sua tropa aquela propriedade, surpreendendo-os em pleno culto evangélico, trucidando a todos que ali se encontravam, inclusive aldeões que comungavam da mesma crença. Fê-lo, porém, com certo receio, pois algo dentro de si dizia que conhecia aquelas pessoas e que lhe eram muito caras. Só muito tempo depois é que Luís saberia que aquela era, de fato, a sua verdadeira família espiritual, de quem se vira apartado por uma contingência evolutiva.

Dois meses após o trágico massacre, Otília de Louvigny sucumbiria nos braços de Ruth, vítima de grave enfermidade. Mas,

---

7   Alcunha conferida por escárnio aos adeptos da Reforma Protestante em solo francês. (PEREIRA, YVONNE A. *Nas voragens do pecado*. 7ª ed., Rio de Janeiro, FEB, 1989, p. 16).

8   Nome dado ao massacre de protestantes ocorrido em Paris, a 24 de agosto de 1572, promovido pela coroa francesa.

antes do último suspiro, selou com esta um terrível pacto: após a sua morte, Ruth tomaria seu nome (posto que Otília ainda não fora apresentada à sociedade francesa, como era costume), iria para Paris, conquistaria o Capitão da Fé para, em seguida, desgraçá-lo. Seria a vingança!

Tão logo chegou a Paris, Ruth, agora Otília, avistou-se com o jovem de Narbone, tendo este se apaixonado à primeira vista. Ela era muito bela, capaz de apaixonar qualquer coração idealista, como o dele. Envolvendo-o num intenso clima de sedução, Ruth, fingindo-se católica, fê-lo abdicar dos votos ao sacerdócio, que era pretensão do jovem e do pai adotivo do cavaleiro, um respeitado sacerdote francês.

A partir de então, ela traçou um terrível plano. Marcou uma entrevista com a sanguinária rainha Catarina de Médicis que, compreendendo os planos da jovem, resolveu ajudá-la na vingança. Isso porque Catarina sabia que Luís era filho bastardo do falecido rei, seu marido, o que para ela representava uma ameaça, visto que quem reinava era seu filho, Carlos IX. Portanto, tinha todo interesse em retirar Luís de Narbone de seu caminho.

Após conquistar o apoio da rainha, Ruth conseguiu casar-se com o jovem, conquistando-lhe a confiança. E, após um breve tempo de casados, armou uma terrível cilada: enviou um bilhete a Catarina afirmando que o Capitão da Fé conspirava contra a coroa e que, em breve, iria entregá-lo para a devida punição. Ao passo que Catarina recebia a correspondência e tomava providências, Ruth acabava de ser descoberta pelo pai adotivo de Luís e por um seu companheiro de cavalaria. Eles tentaram alertar o Capitão da Fé sobre a verdadeira identidade de Ruth.

Descobrindo a farsa, Luís pareceu enlouquecer. Amava verdadeiramente aquela mulher e tudo faria para conservá-la ao seu lado. Percebendo a possibilidade de escapar às conseqüências de seus atos, Ruth mostrou-se arrependida. O Capitão da Fé, convencido do arrependimento de sua amada, almejou vida nova, decidindo ir com ela para uma Igreja a confessarem-se, de modo a verem-se livres dos seus pecados.

Porém, enquanto ele permanecia no confessionário, Ruth fugia para a Alemanha. Antes de fazê-lo, porém, deixou-lhe uma carta, dizendo que fora chamada às pressas à presença de Catarina, o que representava a sentença de morte do cavaleiro. Dirigindo-se para o palácio real, Luís foi aprisionado e lançado em fétida cela, onde pereceu após largo período de cárcere, esquecido do mundo, tristemente atraiçoado.

Na Alemanha, em estado de quase loucura, dez anos após, morreu Ruth, alucinada pelos remorsos que carregava dentro de si, carreando, também, um destino que somente o buril de séculos de sofrimentos seria capaz de lapidar...

* * *

Foi assim que teve início a saga de Yvonne do Amaral Pereira.

Aquela existência calma e tranqüila às margens do rio Reno transformou-se em caudal de dores e futuros dissabores.

Após aqueles dias, muitos episódios dolorosos aconteceram.

Na existência imediata, quando animou a personalidade de Berth de Soumerville, profundas foram suas privações, mas insuficientes para conseguir conter seu gênio forte e arredio. Insubmissa às leis de Deus, novamente envolveu-se em difíceis dramas, atingindo seu esposo Henri de Numiers, o antigo Luís de Narbone que, profundamente ferido por ela, suicidou-se.[9]

Na existência seguinte, novamente na França, ela, chamada Andrea de Guzman, irmã daquele mesmo Carlos Filipe II e prima de Luís, não conseguiu render-se aos apelos constantes do amor e da renúncia. Afetivamente imatura, comprometeu-se ainda mais, não resistindo ao peso das provações e suicidando-se pela primeira vez.[10]

Como a reencarnação de um suicida não é das melhores, conforme seus próprios escritos, ela retornou como uma cigana que vivia e dançava pelas ruas de Madrid, Barcelona e Sevilha. Verdadeiramente humilhada e explorada, sua existência era dura e penosa.[11]

Num momento mágico, em que o passado remoto do Oriente se cruzava com a segunda metade do então século XIX, Sa-

---

9   PEREIRA, YVONNE A. *O cavaleiro de Numiers*. 7ª ed., Rio de Janeiro, FEB, 1991.

10 PEREIRA, YVONNE A. *O drama da Bretanha*. 6ª ed., Rio de Janeiro, FEB, 1991.

11 PEREIRA, YVONNE A. *Sublimação*. 6ª ed., Rio de Janeiro, FEB, 1990, pp. 141-221.

karan, reencarnado como o médico filantropo Ramiro de Montalban, durante um passeio noturno avistou a sua mesma Lygia de outrora, agora Nina, dançando para divertir um grupo de beberrões. Porque as lembranças do pretérito o sacudissem e o amor sublime renascesse em seu coração, Ramiro correu a retirar a dançarina dali, notando-a exausta e profundamente doente.

A partir de então, Ramiro buscou dela cuidar, dando-lhe todo amparo de que necessitava, mas o dela era um destino desventurado.

Devido a uma série de contratempos, Nina veio a ser banida da casa daquele a quem tanto amava, morrendo feito mendiga às portas de seu palácio, onde reencarnaria, em breve tempo, como filha do mesmo Ramiro, que é conhecido por todos como Charles, o guia prestimoso. Ela novamente casou com o antigo Luís de Narbone, que se chamava Roberto de Canallejas. Viveram em Portugal por esse tempo.[12]

Juntos, tiveram uma filha, que atendia por Lelita. Porém, ainda inconseqüente, Yvonne teria ferido Roberto, o qual, contraindo a tuberculose em virtude do trabalho que desenvolvia – dedicava-se à descoberta da cura para aquela doença, médico que era –, deixou-se morrer de desgosto, não tentando curar-se da doença. A filha Lelita, também contaminada, morreu com cinco anos de idade.

Bastante desgostosa da vida, julgando-se culpada pela sorte dos seus entes queridos, Yvonne, que se chamava Leila, ignorando o carinho do sempre amado pai Ramiro, mais uma vez jogou-se de cima de uma ribanceira, agora sobre o rio Tejo. Mais uma vez praticava o suicídio.

* * *

Após tais notícias, fica mais fácil compreender as dificuldades vividas por Yvonne do Amaral Pereira.

À primeira vista, no primeiro contato com sua vida, tive a impressão de que suas provações eram demasiadamente intensas e assumi a postura, muito comum, de questionar a severidade das

---

12 PEREIRA, YVONNE A. *Um caso de reencarnação – eu e Roberto de Canallejas.* 1ª ed., Rio de Janeiro, Societo Lorenz, 2000.

leis divinas. Mas só depois de ler os livros e compreender os dramas ali descritos pude assimilar o tamanho da bondade divina manifestada na vida da saudosa médium.

Ela era uma suicida reencarnada! Naturalmente, teria que conviver com certas limitações. E como nenhum trauma físico a acompanhou, os de gênese psicológica e espiritual vieram à tona.

A mediunidade muito cedo eclodiu e, com ela, as lembranças espontâneas do passado. Sentia saudades de Charles e de Roberto de Canallejas. Via-os sempre e isso a incomodava.

Charles era seu amado guia espiritual. Após a experiência como Sakaran, ele se depurou e sublimou o amor que sentia por ela, alcançando a condição de orientá-la em sua nova encarnação.

Roberto de Canallejas, esposo na existência mais recente e numa mais remota, tornou-se espírito familiar, uma espécie de protetor.

A visão de ambos, contudo, a angustiava. As lembranças ainda estavam muito vivas em sua memória. A 'outra vida', aquela em que entrevia um lindo castelo, com roupas bonitas e belas carruagens, a perseguia, tornando-a uma criança confusa e profundamente alheia à realidade.

Transes catalépticos e letárgicos eram constantes, como constante, também, era a sua melancolia, sua inconformidade com a nova existência. Não aceitava o pai de agora, queria o pai do passado, tornando-se uma criança altamente triste. Por conta de tais anormalidades, até os dez anos foi educada por uma das avós, já que não se adaptava ao lar paterno.

Requereu, portanto, uma disciplina austera, que encontrou na família terrena e nos espíritos amigos. Amargou a impossibilidade do casamento, porque não soube respeitar o sagrado instituto familiar. Mergulhou no conhecimento do passado, a fim de ver-se impelida a não repetir os mesmos erros. Sofreu muito, a ponto de afirmar jamais ter gozado da felicidade que o mundo pode oferecer, pois sua vida foi toda de renúncias, solidão, tristeza e infelicidade nos termos terrenos...

... mas que prenunciou uma nova aurora, um amanhecer alegre, o desfecho feliz de séculos de desenganos.

III – Yvonne: perfil doutrinário

> Ser médium não é apenas receber Espíritos. Os obsidiados também os recebem [...]. Ser médium é, acima de tudo, ser discípulo do bem, habilitando-se, dia a dia, no intercâmbio regenerador com o Alto a proveito da reforma geral da Humanidade, do Planeta e de si próprio. E para se compenetrar de tal responsabilidade será necessário conhecer as leis mecânicas, morais e espirituais em que a mediunidade se firma e enobrece, a fim de elevá-la a missão.
>
> Yvonne[13]

Yvonne manteve-se respeitosa aos postulados espíritas durante toda a sua existência. Sua postura era de plena consciência da necessária e imprescindível fidelidade ao ensino espírita.

A *lucidez de raciocínio* com que fazia abordagem dos mais diversos temas concernentes às ciência, filosofia e religião, conforme se verifica nos artigos escritos do próprio punho; o *discernimento* e a *segurança* usados para avaliar quanto lhe era proposto pelas vias mediúnicas, quer por um dos seus instrutores, quer por outro qualquer espírito; as lições de *humildade* deixadas, ao submeter seus atos e escritos aos estímulos e à avaliação dos guias espirituais falam dos seus cuidados, posto saber da grande respon-

---

13 PEREIRA, YVONNE A. *À luz do Consolador*, 2ª ed., Rio de Janeiro, FEB, 1997, pp. 66-67.

sabilidade que lhe cabia na difícil tarefa de divulgação e preservação do espiritismo.

Todo esse cuidado vem muito bem justificado por ela mesma, em carta endereçada ao amigo Domério de Oliveira, quando afirma que "estamos para o espiritismo como os primeiros Cristãos para o Cristianismo nascente",[14] demonstrando como bem compreendia o papel que desempenhava como médium e continuadora de Kardec.

A seguir, aprecie uma breve análise dos três importantes itens que tornam digna, distinta e marcante a sua personalidade.

1. LUCIDEZ DE RACIOCÍNIO

A obra de Yvonne é marcada por uma autenticidade ímpar. Ela possuía um modo muito próprio de fazer abordagens. E tinha muita propriedade naquilo que afirmava. Considerando a sua pouca escolaridade, podemos dizê-la possuidora de uma vasta cultura. Seu autodidatismo lhe permitiu a conquista de uma visão crítica da realidade, assumindo posturas sempre coerentes com o conteúdo ético-moral da doutrina espírita.

O interesse pelo estudo era invulgar. Vêem-se artigos seus fazendo referência a livros importantíssimos, como a necessária obra *História do espiritismo*, de *sir* Arthur Conan Doyle, grande ficcionista inglês, criador de Sherlock Holmes. As obras de Léon Denis também eram vastamente citadas.

As razões para essa tendência de Yvonne são encontradas em sua infância. Narra ela que seu interesse pela literatura sempre foi imenso, a ponto de fazê-la copiar em papel manilha todas as obras que lia, visto que a condição financeira de sua família não lhe permitia a aquisição das mesmas. Este era um hábito que cultivava desde os oito anos de idade, escondido do pai, que certamente desaprovaria tais atitudes.

Sua mediunidade foi, desde o início, acompanhada por Zico Horta, conhecido e respeitado militante espírita de Barra Mansa,

---

14 OLIVEIRA, DOMÉRIO. *Pelos degraus da vida*. 1ª ed., São Paulo, João Scortecci, 1993, p. 132.

que a orientou e direcionou sua 'iniciação' mediúnica, de forma segura e coerente.

O encontro com Bezerra de Menezes marcaria profundamente sua vida, pois esse espírito iria orientá-la de maneira decisiva nos cometimentos posteriores, ditando obras e indicando caminhos. Além de Bezerra, a presença de outros espíritos, como Léon Denis e Eurípedes Barsanulfo, influenciou positivamente o raciocínio de Yvonne, dando-lhe segurança para dar cabo de suas responsabilidades, contribuindo, inclusive, na definição do modo como organizou suas obras.

Um exame superficial de seus livros será suficiente para distinguir-se uma característica singular: as sempre constantes citações de trechos extraídos das obras básicas e/ou retirados de O *novo testamento*. Tais transcrições eram feitas iniciando capítulos ou servindo de introdução às partes em que fossem divididos os livros. Vejo, nesse ato, a preocupação em fundamentar quanto se escrevia em bases sólidas, em conceitos lógicos e necessidades reais. Aliás, ela afirma que esse hábito foi proposto pelos seus orientadores espirituais, os quais também indicavam os trechos a serem transcritos.

Também relevante foi a forma como organizou *Recordações da mediunidade* e *Devassando o invisível*. Por tratarem de relatos de suas experiências mediúnicas e por conhecer a multifacetariedade inerente à mediunidade, Yvonne apresentou, ao iniciar os capítulos, uma tese comprobatória de quanto vai ali escrito, não fugindo à indispensável atitude criteriosa que a distinguia.

Para ela, o estudo da mediunidade e das demais matérias visadas pela doutrina espírita era fundamental, devendo ser feito mediante a análise das obras básicas e dos seus continuadores.

Em entrevista concedida a Jorge Rizzini, teve oportunidade de afirmar: "Kardec, Denis, Delanne e Ernesto Bozzano são indispensáveis para quem queira conhecer a doutrina espírita".[15]

Ainda analisando a importância que Yvonne Pereira atribuía às obras básicas e aos livros clássicos, lembramos um fato curioso que ocorreu após a publicação de *Devassando o invisível*. Como

---

15 RIZZINI, JORGE. *Kardec, irmãs Fox e outros*. 2ª ed., Capivari, EME, 1995, p. 130.

fosse de qualidade inequívoca – e, por isso mesmo, aprovada por estudiosos e amigos –, não tardaram os pedidos para que nova obra semelhante fosse publicada. A resposta foi o livro *Recordações da mediunidade*, em cujas linhas introdutórias ela escreveu:

> Desejariam os nossos correspondentes que outro noticiário naqueles moldes fosse escrito, que novos relatórios viessem, de algum modo, esclarecer algo do obscuro campo mediúnico, *esquecidos de que o melhor relatório para instrução do espírita e do médium são os próprios compêndios da Doutrina, em cujos textos os médiuns se habilitam para os devidos desempenhos.*[16] (Grifos meus)

Assim ela respondeu aos que, inadvertidamente, desviavam-se do reto caminho do estudo sério e queriam, consciente ou inconscientemente, criar um clima de idolatria e de mitificação em torno de sua pessoa. Na seqüência, o complemento:

> Confessamos, entretanto, que não atenderíamos aos reiterados alvitres que nos fizeram os nossos amigos e leitores se não fora a ordem superior recebida para que o tentássemos, ordem que nos decidiu a dar o presente volume à publicidade.[17]

Afirmando isso, ela demonstrou que, se fosse de sua única vontade, não teria elaborado o livro. Sobre isso, comentarei mais adiante, no item terceiro deste capítulo.

2. DISCERNIMENTO E SEGURANÇA

Um dos mais significativos problemas enfrentados na atualidade do movimento espírita é o de se saber que livros, ditos espíritas, devem ser publicados e divulgados como pertencentes ao acervo doutrinário. Afinal, eles se multiplicam a cada dia, apresentando teses e teorias, conceitos e explicações por vezes contraditórios, havendo mesmo pressa em publicá-los.

Provenientes de comunicações espirituais ou fruto de estudos pessoais, nem sempre são suficientes para aquilo a que se

---

16 PEREIRA, YVONNE A. *Recordações da mediunidade.* 7ª ed., Rio de Janeiro, FEB, 1992, p. 07.

17 Idem, p. 07.

destinam, mostrando-se lacunosos e imprecisos. No entanto, a atitude do bom médium, do espírita consciente de seu dever doutrinário, é submeter tudo quanto lhe venha à mão ao crivo da razão, do bom senso, do raciocínio lógico e coerente, e isso é o que se vê na figura de Yvonne A. Pereira.

Dona de um discernimento ímpar, seu exemplo é considerado extraordinário. Tendo recebido o livro *Memórias de um suicida* no alvorecer da juventude, ela o engavetou porque duvidava da veracidade do relato ali contido. Somente trinta anos depois, ou seja, na segunda metade da década de 1950, ela o retiraria da gaveta e o entregaria à publicidade, obedecendo às instruções espirituais e submetendo-o à revisão do espírito Léon Denis, que a auxiliava.

E como foi acertada a medida de Yvonne!

Como *Memórias de um suicida* é obra que mostra variadas perspectivas do mundo espiritual, abrindo horizontes não muito bem explorados das regiões umbralinas dedicadas ao "pranto e ranger de dentes" – embora os escritos de André Luiz, através do saudoso médium Francisco Cândido Xavier, lhe tenham antecedido à publicação –, talvez não fosse aceita ao tempo de sua recepção (1926) pela comunidade espírita da época, o que traria à médium constrangimentos e perseguições que poderiam comprometer a tarefa que estava desenvolvendo. Às vezes, o médium precisa silenciar certas revelações recebidas do além, caso contrário correrá o risco de ser acusado de embuste e mistificação, pois nem sempre os seus companheiros de jornada estão prontos para encarar certas verdades que as nuances espirituais apresentam.

No entanto, trinta anos após, outro foi o quadro entrevisto: dado o nível de maturidade alcançado pelos espíritas e por ela mesma, *Memórias de um suicida* passou a ser considerado um dos principais e mais importantes relatos feitos e/ou trazidos do mundo espiritual, registrando uma fidelidade incomum às paisagens psíquicas deste.

É de se lamentar que muitos companheiros não ajam de maneira semelhante, publicando apressadamente aquilo que recebem do plano espiritual. Disso decorre um sem número de obras que não mereciam ser publicadas, por estamparem assuntos me-

37

nores, demasiadamente repetidos e muitas vezes com enfoque contrário ao que defende a doutrina espírita.

Contudo, a sapiência de Yvonne não se limitou a esse único fato; outros há que corroboram com sua prudência. Mas um, em especial, merece destaque nestas páginas, pois revela singular beleza.

O AMIGO BELETRISTA

Esse o sugestivo título do capítulo VII de *Devassando o invisível*. Nele, a pupila de Charles tece comentários sobre a *iniciação* pela qual passou antes de assumir maiores responsabilidades mediúnicas.

Por óbvio, essa *iniciação* não deve ser entendida no sentido vulgar que se lhe atribui. Em verdade, como era ela tutelada por uma falange de benfeitores hindus e egípcios, submeteu-se a determinados testes disciplinares impostos por estes espíritos para confirmar o seu compromisso com o dever abraçado. Sua *iniciação*, portanto, constou de alguns episódios, quando dela se reclamou testemunhos de coragem e fé.

Dentro dessa programática, conta Yvonne A. Pereira a seguinte história, que resumirei, comentando:

Por volta de 1930, quando trabalhava no receituário homeopático da antiga "Assistência aos Necessitados" do Centro Espírita de Lavras, hoje Centro Espírita Augusto Silva, apareceu-lhe um espírito que desejava ditar, em forma de livro, o relato de sua própria existência, vivida entre o Rio de Janeiro e São Paulo. "Declarou ter sido escritor, ou beletrista, e que, então, alimentava ardentes desejos de continuar escrevendo", anotaria ela.[18] Após, convidou-a a segui-lo na noite posterior, em desdobramento, para que lhe pudesse apresentar o que gostaria de transmitir, procedendo à costumeira 'ambientação' da história por que passam os médiuns antes dos longos ditados.

Antes, porém, de confiar-se ao novo amigo, que demandou chamar *Beletrista*, Yvonne buscou consultar seus tutores espirituais, sem, contudo, obter resposta. Compreendeu que a decisão

---

18   PEREIRA, YVONNE A. *Devassando o invisível*. 5ª ed., Rio de Janeiro, FEB, 1984, p. 150.

caberia a si própria e decidiu acompanhar *Beletrista* na demonstração que faria.

Não obstante demonstrasse inferioridade, revelada na sua irritação nervosa e no teor energético que lhe caracterizava o perispírito, contrastando com modos educados e cavalheirescos, *Beletrista* despertou em Yvonne uma profunda simpatia, o que a fez ouvi-lo com toda a atenção.

A dele fora uma existência complicada: devido à inadmissibilidade do divórcio no Código Civil Brasileiro, não pôde unir-se a uma dama casada, há muito separada corporalmente do esposo, o que o fez sustentar um relacionamento ilegal para a época. Sob a pressão do marido, ela, que se chamava Maria Elisa, suicidou-se com um tiro no coração; e *Beletrista*, tempos depois, sucumbiu vítima de uma neurastenia, que o levou também ao suicídio inconsciente. Foi o que contou, com ímpetos de ódio e de rancor.

Após analisar a narrativa, Yvonne recusou-se a servir como sua intermediária:

> Ponderamos-lhe, porém, que o drama, que tanto o atormentava, além de encerrar uma história brutal e, por assim dizer, vulgar em nossos dias, quando os jornais diariamente apresentam à publicidade dezenas de dolorosos casos idênticos, não estampava o caráter moral e doutrinário exigido para uma obra espírita.[19]

Contrafeito, *Beletrista* propôs-lhe escrever para os homens a fim de obter vantagens financeiras. Sabia das dificuldades materiais da médium e de sua excelente capacidade mediúnica. Então, ele escreveria e realizaria seu ego; ela assinaria e ganharia muito dinheiro, além de fama. Um casamento perfeito! Ela negou-se, realçando-lhe sua fidelidade à doutrina espírita, convidando-o a acompanhá-la nos estudos e tarefas a que se dedicava. Ele se foi e ela não mais o viu.

Vinte e sete anos se passaram...

Quando escrevia as páginas do capítulo aqui evocado, o dr. Bezerra de Menezes ditou-lhe uma mensagem onde afirmava que *Beletrista* era, qual ela própria, um dos seus pupilos espirituais,

---

19   Idem, p. 161.

colocado junto a ela para que ambos fossem testados em suas fraquezas. E disse mais: ele, *Beletrista*, aquiesceu ao convite por ela feito para aprender mais sobre o espiritismo, o que fez silenciosamente, sem acusar-se, chegando mesmo, por vezes, a secundá-la em alguns de seus escritos. Estava, enfim, recuperado, preparando-se para nova existência terrena, onde buscaria pôr à prova as conquistas que lograra.

A determinada altura, asseverou o Médico dos Pobres, como é conhecido no movimento espírita:

> Se quando, outrora, ele a ti se dirigiu pela primeira vez, tentando convencer-te a anuir aos seus intentos, oferecendo-te 'fortuna' e 'glória', tu o tivesses atendido, resultaria de tal conluio uma obsessão para ti mesma, a qual possivelmente redundaria em suicídio, pois que terias exposto as tuas faculdades, positivas como são, às forças inferiores do Invisível [...] e, para ele, agravo de responsabilidades e situações futuras precaríssimas, pois que 'Beletrista', pela época, ainda não se encontrava em condições de desempenhar um ministério espiritual de tal gravidade... [20]

Ao final da mensagem, ele, *Beletrista*, apareceu em tom de despedida. Ela pediu-lhe o nome, ele se negou a decliná-lo e agradeceu profundamente os vinte e sete anos de aprendizagem e exemplificação.

Beletrista estava prestes a reencarnar...

* * *

De maneira singular, Yvonne demonstrou a força de uma formação moral sólida.

Um noticiário *brutal*, *vulgar*, conforme suas próprias palavras, fora-lhe proposto. Uma vida de glórias e tesouros. Um futuro penoso e desconcertante...

Quantos são aqueles que não resistem à tentação do sucesso e se permitem corromper! Quantos trocam o tesouro sacrificial do amor pelas glórias do prazer material! Quantos não vencem a prova do *desinteresse*!

---

20   Idem, p. 170

Ela soube escolher o caminho certo, contribuindo, assim, não só para a própria elevação, mas também para o soerguimento daquele que se lhe tornara companheiro assíduo e afeiçoado, em cuja trajetória reeducativa ela se constituíra em importante fator.

Ela soube, enfim, ser aquela que *se humilha para ser exaltada*!

3. LIÇÕES DE HUMILDADE

Yvonne, conforme se depreende da análise de suas passadas existências, foi um espírito arredio e indisciplinado. Na presente encarnação, ela ainda apresentava tais características, de cuja transformação dependia o sucesso de sua tarefa mediúnica. Por isso, desde a infância, a espiritualidade superior cercou-a de uma disciplina rígida, a princípio encontrada no próprio lar, depois, no convívio diário com seus orientadores espirituais.

Seu pai, Manoel José Pereira, espírita antes mesmo do seu nascimento, de modestas condições financeiras, não lhe podia dar uma boa escola, além de brinquedos próprios à idade. Conta ela que suas bonecas eram bruxas de pano, feitas pela avó...

Do ponto de vista espiritual, Charles, seu guia e protetor, instruía-a de modo a torná-la maleável aos desígnios superiores, com vistas ao futuro. Em todos os instantes, ele buscava orientá-la nas decisões principais, aquelas que poderiam ir ao encontro daquilo que fora previamente planejado, na espiritualidade.

A necessidade de não se casar, por exemplo, foi-lhe comunicada, pela primeira vez, por Bittencourt Sampaio, mas foram os tutelares hindus e egípcios que a desviaram do intento. Embora seu descontentamento no início, Yvonne compreendeu e aprendeu a conviver com essa e outras privações, importantes no seu contexto evolutivo, aquiescendo em *casar-se com o dever espírita*.

Nesse ínterim, aos doze anos de idade, obteve o seu primeiro contato com o espírito Adolfo Bezerra de Menezes Cavalcanti. A partir de então, dr. Bezerra tornou-se companhia indispensável da médium, orientando-a nas tarefas de desobsessão, em desdobramentos e na psicografia de livros.

Sobre sua relação com o Médico dos Pobres, assinalaria Yvonne, quando entrevistada por Jorge Rizzini:

Em toda a minha vida ele tem me guiado, aconselhado. Enfim, o Dr. Bezerra acabou de me criar e é ele quem 'manda' na minha vida; quem me dirige é ele. [21]

O amor paternal de Bezerra e o carinho enérgico de Charles contribuíram para que ela se abstivesse de deslizes ocultos, de personalismos desastrosos, não se deixando "picar pela *mosca azul* da presunção", conforme se refere a ela o espírito Vianna de Carvalho.[22] Sua falta de presunção foi tal que, em todas as decisões que precisava tomar, consultava, ouvia e quase sempre obedecia aos espíritos amigos.

Para as questões mediúnicas, os cuidados de Yvonne e sua *submissão* aos ditames superiores eram mais acentuados. Ela nunca forçava ou desejava a ocorrência dos fenômenos, deixando aos guias o cuidado de direcionar suas atividades. Exemplo disso é o livro *Devassando o invisível*, que é definido por ela da seguinte forma, nas páginas introdutórias do mesmo:

> Não se trata, pois, de obra pessoal, mesmo porque *o personalismo, se se infiltrar na Doutrina Espírita, acarretará a sua corrupção, como sucedeu ao próprio Cristianismo.* Não apresentamos, tão-pouco, frutos da nossa escolha, porquanto *as observações que aqui vêm anotadas foram selecionadas pelos instrutores espirituais, e nem sequer tivemos o desejo de organizar o presente volume.*[23] (Grifos meus)

Some-se a tudo isso a sua constante preocupação de não ferir a boa moral e os conceitos espíritas, conforme visto com *Beletrista*, além de não tornar público nada que não passasse pelo crivo do bom senso e pela aprovação de seus instrutores, como mencionado no episódio do lançamento de *Recordações da mediunidade*. Aliás, da introdução dessa obra podemos destacar outro importante trecho. No primeiro parágrafo lê-se:

---

21 RIZZINI, JORGE. *Kardec, irmãs Fox e outros*. 2ª ed., Capivari, EME, 1995, p. 130.

22 FRANCO, DIVALDO P. (médium); CARVALHO, VIANNA DE (espírito). *Médiuns e mediunidade*. 4ª ed., Salvador, LEAL, 1996, p. 117.

23 PEREIRA, YVONNE A. *Devassando o invisível*. 5ª ed., Rio de Janeiro, FEB, 1984, p. 07.

Como médium, jamais agimos por nossa livre iniciativa, senão fortemente acionada pela vontade positiva das entidades amigas que nos dirigem, pois entendemos que *o médium por si mesmo nada representa e que jamais deverá adotar a pretensão de realizar isto ou aquilo sem antes observar se, realmente, é influenciado pelas verdadeiras forças espirituais superiores.*[24] (Grifos meus)

E, mais adiante, em oração ao Criador, Yvonne assim se refere à mediunidade:

(...) amei-a e respeitei-a sempre, não a adulterei com idéias pessoais porque me renovei com ela a fim de servi-la; não a conspurquei, dela me servindo para incentivo às próprias paixões, nem negligenciei no seu cultivo para benefício do próximo, porque todos os meus recursos pessoais utilizei na sua aplicação. Perdoa, no entanto, Senhor, se melhor não pude cumprir o dever sagrado de servi-la, transmitindo aos homens e aos espíritos menos esclarecidos do que eu o bem que ela própria me concedeu.[25]

---

24 PEREIRA, YVONNE A. *Recordações da mediunidade*. 7ª ed., Rio de Janeiro, FEB, 1992, p. 07.

25 Idem, p. 09.

IV – Yvonne e a Mediunidade

> Creio que nasci médium já desenvolvido, pois jamais me dei ao trabalho de procurar desenvolver faculdades medianímicas. Algumas faculdades se apresentaram ainda em minha primeira infância (...)
>
> Yvonne[26]

Quando se fala de mediunidade, todos lembram, imediatamente, da tão conhecida assertiva de Kardec, que diz que todos somos médiuns. Porém, em sentido restrito, são poucos os que possuem aquilo a que se chama de *ostensividade mediúnica*. E menor ainda é o número dos que encerram, em si, a possibilidade de exercitar uma boa quantidade de faculdades mediúnicas. Yvonne se inclui entre estes.

Ela era o que se poderia chamar, não sei com que exatidão, de médium *polivalente*. Sim, porque possuía condições para produzir diversos fenômenos mediúnicos simultâneos e também porque foram vários os tipos de mediunidade que apresentou no decorrer de sua existência. Entenda-se "simultâneos" como consideração de um mesmo período de vida em que ela exerceu algumas faculdades conjugadas.

Desde criança, ela via e ouvia os espíritos, em especial Charles e Roberto de Canallejas. Eram visões que a perturbavam,

---

26 PEREIRA, YVONNE A. *Recordações da mediunidade*. 7ª ed., Rio de Janeiro, FEB, 1992, p. 23.

pois despertavam uma profunda saudade desses dois amados seres. Aos doze, assistiu à sua primeira reunião mediúnica, daí a algum tempo também atuando como médium de psicofonia. Ainda muito jovem, assumiu a chefia de um posto mediúnico, destinado ao receituário homeopático e à cura. E ela, também, se desdobrava com muita facilidade, entrando, às vezes, nos estados de catalepsia e letargia. Embora pareça muito, ainda é maior essa lista. Yvonne também era médium de psicografia, de premonição, de psicometria, de oratória e de efeitos físicos.

Falarei sobre algumas dessas mediunidades. São as que merecem, aqui, considerações à parte, por apresentarem minudências interessantes.

1. VIDÊNCIA E AUDIÊNCIA

São, essas duas, o que se poderia chamar de *faculdades irmãs*, porque a vidência, não raro, é acompanhada da audiência, embora a recíproca não seja verdadeira. E eram irmãs também em *Tuti*, como tão carinhosamente a chamavam os seus familiares.

Foi através dessas faculdades que ela pôde gozar de amplos contatos com o mundo invisível. Basta dizer que foram as primeiras a aflorar, ainda na infância. Era com os 'olhos e ouvidos espirituais' que via Charles embebido em uma luminosidade singular, em tom lilás, belo e impressionante, e ouvia-lhe, psiquicamente, a voz austera e conselheiral, amorosa; que via Fréderic-François Chopin, não menos sublime, entoando a música divina de que é naturalmente envolvido; que desfrutava de momentos educativos com Bezerra de Menezes, o Médico dos Pobres; que via e ouvia obsessores, deles tornando-se amiga e irmã.

A eclosão significativa dessas faculdades, em tão tenra idade, só pode justificar-se como patrimônio espiritual trazido de outras existências, e foi de lá, do passado, que Yvonne as trouxe. Sabemos que a mediunidade costuma acompanhar o indivíduo durante as suas romagens terrenas e mesmo no plano espiritual, conforme atestam as obras dos espíritos André Luiz e Manoel Philomeno de Miranda. Acredito, pessoalmente, que sua manifestação obedece a ciclos bem definidos, levando o médium a atingir, em tais ou quais existências, um estágio bem mais desenvolvido desta ou daquela faculdade.

Além disso, sabemos que as faculdades mediúnicas variam até o infinito, cada especialidade possuindo, também, as suas variantes. No caso da vidência, por exemplo, há médiuns que apenas vêem vultos, outros não distinguem rostos e alguns contemplam os espíritos com plena nitidez; muitos não distinguem cores, enquanto outros percebem tonalidades múltiplas; há, também, os que vêem os órgãos internos das pessoas (psicoscopia) e alguns vêem o interior do próprio corpo (autoscopia). No caso de Yvonne, distinguimos a facilidade de ver com nitidez e perceber as cores que caracterizam a vibração dos espíritos.

Voltando às existências pretéritas, quem ler com atenção o livro *Nas voragens do pecado*, perceberá que Charles, seu autor, constantemente fala que, em momentos decisivos, Ruth via e ouvia o espectro de Otília, fortalecendo-a para a execução do pacto firmado por ambas. Também ouvia Carlos Filipe II, que tentava dissuadi-la do triste desiderato. Em *O cavaleiro de Numiers*, é também encontrada vendo e ouvindo o esposo Henri de Numiers que, após o suicídio, sente-se atraído para a sua amada. E também, como Andréa de Guzman, informa Charles em *O drama da Bretanha*, ela era dada a ter visões...

Mais um detalhe: Yvonne não via os espíritos constantemente. Conforme afirmou em uma entrevista,[27] somente à hora dos trabalhos mediúnicos ela visualizava os espíritos, também acontecendo esporadicamente, diferente de alguns médiuns nos quais a vidência é mais acentuada, que muito naturalmente vêem os espíritos aqui e ali, a todo momento. Com ela, isso não acontecia.

2. PSICOGRAFIA E DESDOBRAMENTO

A psicografia apresentou-se desde muito cedo, algo em torno dos seus onze anos, quando já escrevia literatura profana, sob o influxo de Roberto, sem o saber. Escrevia sofregamente, diz ela, sem mesmo se dar conta do que escrevia.

Você já deve ter se perguntando o que tem a ver o subtítulo "psicografia e desdobramento". Se ainda fossem psicografia e psico-

---

27   CAMILO, PEDRO (Organizador). *Entrevistas de Yvonne Pereira*. 2006. (Ainda no prelo, a obra será publicada pela Lachâtre).

fonia, dava para aceitar, não é mesmo? É, também; mas as faculdades da primeira dupla têm ligação uma com a outra, especialmente se o assunto é a manifestação de ambas através da pupila de Charles.

Sabemos que Yvonne é mais conhecida pelo que psicografou, especialmente pelo *Memórias de um suicida*. Poucos, no entanto, lembram que ela era médium plenamente consciente, ou seja, tomava conhecimento de tudo o que os espíritos escreviam no momento da recepção. E conseguiu ser fiel ao estilo de cada um. Tamanha realização ela conseguiu com a ajuda do desdobramento. Acontecia da seguinte forma:

Sempre que Yvonne preparava-se para a psicografia de algum livro, era conduzida, em espírito, a determinada região do espaço, onde o espírito que ditaria a obra apresentava-lhe a história, em cores vivas, como se as próprias imagens fossem capazes de falar. Via os fatos, revivia-os, sentia a emoção dos personagens envolvidos nos dramas, conhecia-lhes o pensamento, o mundo íntimo; e, retornando ao corpo físico, transcrevia tudo o que vira, inspirada pelo amigo espiritual. Assim aconteceu com Léon Tolstoi que, antes de escrever por seu intermédio, levou-a a conhecer as paisagens da Rússia. O mesmo se deu com Charles, que a arrebatava para a Europa, onde lhe desvendava os detalhes das existências que viveram juntos; e com Camilo Castelo Branco, tendo como exemplo a novela inserta em *Nas telas do infinito*, que ela inicia com o título "O Vôo de uma Alma". Com Bezerra de Menezes não seria diferente – *Dramas da obsessão* é escrito a partir de socorros espirituais realizados por ambos, médium e espírito, a partir da cidade mineira de Lavras.

Sobre os impulsos que sentia no momento da psicografia, são variadas as suas percepções. Ia lendo, às vezes, o que escrevia, como se se tratasse de um folhetim que lhe apresentassem. Sentia leve atordoamento, ouvindo o ditado como se o espírito comunicante lhe falasse ao ouvido. Quando a obra era de difícil recepção, como *Memórias de um suicida* e *Nas voragens do pecado*, o impulso vibratório do braço era menos rápido.[28]

---

28 Idem.

Croqui da catedral onde Yvonne costumava orar quando jovem.
É o mesmo local onde se deu um curioso fenômeno
de desprendimento, aos oito anos de idade.

Além de ser faculdade imprescindível para a psicografia dos livros, a capacidade de desdobrar-se – já exercitada no século XVI, quando o espírito Otília a arrebatava do corpo para que contemplasse a situação penosa de Luís de Narbone na prisão – assumiu papel importantíssimo em diversos lances significativos de sua vida. Foi através dela que Yvonne pôde, por exemplo, ter momentos alegres ao lado de Z. P., na Polônia, o mesmo Roberto de Canallejas reencarnado.[29] Aliás, era Roberto quem a levava a contemplar as paisagens onde viveram seus dramas pretéritos, isto à época em que Yvonne era muito jovem. E, dentre outros, citarei os seguintes fatos que ocorreram com ela:

Constantemente, Yvonne entrava em transes cataléticos e letárgicos, onde era profundo o seu desprendimento do corpo físico. Esses transes são muito bem explicados por ela e por Bezerra de Menezes na obra *Recordações da mediunidade*. Não desejando tratar minuciosamente do assunto, apenas transcreverei pequeno e substancioso trecho, em que o Médico dos Pobres define a letargia e a catalepsia:

> A letargia e a catalepsia derivam do mesmo princípio, que é a perda temporária da sensibilidade e do movimento, por uma causa biológica ainda inexplicada. Diferem uma da outra, em que, na letargia, a suspensão das forças vitais é geral e dá ao corpo todas as aparências da morte; na catalepsia fica localizada, podendo atingir uma parte mais ou menos extensa do corpo, de sorte a permitir que a inteligência se manifeste livremente, o que a torna inconfundível com a morte. A letargia é sempre natural; a catalepsia é por vezes magnética.[30]

Retomemos o fio da meada.

O primeiro fato ocorreu aos vinte e nove dias de nascida, quando ela quase foi enterrada viva. Fenômeno semelhante voltaria a acontecer com ela diversas vezes, sendo um dos mais marcantes o que se deu aos oito anos de idade. Estando fora do envoltório físico, ela foi levada, em corpo astral, até o altar da Catedral Senhora Santana, lugar onde costumava orar. Era um local muito querido para ela, pois lá contemplava as imagens de Nossa Senhora de Santana e do Senhor dos Passos, figuras que muito admirava e respeitava.

Num deslumbramento incomum, Yvonne, durante aquele desprendimento, viu a imagem do Senhor dos Passos ganhar vida, indo em sua direção para consolá-la em seus sofrimentos.

---

29 PEREIRA, YVONNE A. *Um caso de reencarnação – eu e Roberto de Canallejas*. Rio de Janeiro, Societo Lorenz, 2000.

30 PEREIRA, YVONNE A. *Recordações da mediunidade*. 7ª ed., Rio de Janeiro, FEB, 1992, pp. 11-12.

Foi, provavelmente, uma projeção psíquica dos benfeitores espirituais, uma imagem por eles criada e apresentada com o intuito de levar consolo ao seu coração já sofredor. Esse fenômeno recebe o nome de *teleplastia*.

Outro tipo de desprendimento se dava sob a direção da falange de espíritos hindus que a assistiam. Estes, freqüentemente, levavam-na a visitar animais! Sim, bois, cavalos, gatos e cães eram estudados em suas sensações, vibrações, peculiaridades. Maiores detalhes podem ser buscados no capítulo "Sutilezas da Mediunidade", valioso repositório de informações, lá no *Devassando o invisível*.[31]

3. PSICOFONIA E ORATÓRIA

A psicofonia e a mediunidade de oratória são faculdades que se acompanham, mas que não necessariamente se apresentam conjugadas. Há médiuns psicofônicos que mal sabem falar em público, enquanto há oradores que não são médiuns ostensivos. Uma não implica, necessária e obrigatoriamente, na outra. Mas Yvonne tanto era médium de uma, como de outra possibilidade.

A psicofonia também é remanescente do passado. Quando animou a personalidade de Andréa de Guzman, sofria constante assédio de Arnold Numiers, pai do mesmo Henri que por ela se matou. Arnold, que também foi o pai adotivo de Luis de Narbone em *Nas voragens do pecado*, não se conformava com os sofrimentos de que seu filho amado fora vítima e, por vezes, subjugava Andréa, que mergulhava em transes psicofônicos atormentados. Desenrolava-se, então, um processo obsessivo.

Na atual encarnação, ela prestava socorro, através da psicofonia, a suicidas, obsessores e sofredores de um modo geral. Segundo se sabe, ela era uma excelente médium de atração, gozando da especialidade a que Kardec chama de *médiuns flexíveis*,[32] ou seja, conseguia ligar-se a variado tipo de espíritos com relativa facilidade, daí resultando a *flexibilidade* da faculdade. Também

---

31 PEREIRA, YVONNE A. *Devassando o invisível*. 5ª ed., Rio de Janeiro, FEB, 1984, pp. 189-191.

32 KARDEC, ALLAN. *O livro dos médiuns*. 38ª ed., Aras, IDE, 1995, p. 213.

lhe cabia a especialidade de *médium positivo*,[33] porque sentia todas as sensações dos espíritos, demonstrando clareza e precisão nas comunicações.

A oratória foi exercida de 1927 a 1971 (ela abandonou-a por ordem dos benfeitores espirituais, não explicando o motivo) e era como uma extensão da psicofonia. Suas exposições doutrinárias aconteciam da seguinte maneira: no dia mesmo em que iria palestrar ou na noite anterior, era arrebatada em corpo astral para determinada região do plano invisível e, diante dos amigos espirituais, ouvia uma longa exposição sobre o assunto, que ficava gravada em sua mente numa espécie de hipnose. No momento da palestra, ela era acionada pelos espíritos e procedia à devida reprodução daquilo que aprendera, horas antes, com seus instrutores.

Esse processo é um pouco diferente daqueles que conhecemos. Tomando como exemplo o orador Divaldo Pereira Franco, sabemos que, por vezes, ele fala mediunizado, sem estar propriamente 'incorporado'. De outras, os espíritos apresentam-lhe visões psíquicas, num fenômeno de teleplastia, e ele vai reproduzindo o que vê. Yvonne, de maneira diferente, recebia antecipadamente a exposição e a repetia no momento próprio.

Contudo, tanto no seu como no processo de Divaldo, o médium precisa ser alguém que estuda o espiritismo e os demais ramos do conhecimento. Isto porque, não havendo um mínimo de conhecimento do médium, os espíritos ficam quase impossibilitados de ajudá-lo.

Segundo ela diz, foi assim que conseguiu praticar a melhor oratória em tribunas espíritas, que não passaram, em verdade, de fenômenos mediúnicos.

4. RECEITUÁRIO E CURA

Uma e outra atividade se aproximam muito; porém é possível realizar curas sem ser através da mediunidade receitista. Esta, Yvonne exerceu longa e exaustivamente, dedicando-se, com desvelo, às receitas homeopáticas, primeiramente no posto mediú-

---

33 Idem, p. 214

nico da cidade de Lavras, onde assumiu a responsabilidade daquela atividade.

Submeteu-se a diversos espíritos nas tarefas do receituário, dentre os quais Bezerra de Menezes e Roberto de Canallejas. Aliás, parece ter sido Roberto quem mais marcou essa atividade: ao contrário dos demais, que utilizavam a psicografia consciente, Roberto escrevia as suas receitas pela psicografia mecânica! É o único registro encontrado desta faceta mediúnica na vida de Yvonne.

Ela costumava receitar nos centros em que trabalhou, mas também o fazia em casa. Cabe uma ressalva a esse detalhe: não é aconselhável aos médiuns inexperientes exercer suas faculdades, notadamente a receitista, que requer bastante precisão, no aconchego do lar, porque a atmosfera psíquica da residência nem sempre oferece ambiente favorável ao delicado processo de sintonia mediúnica estabelecido entre médium e espíritos. Somente quando estiver bastante seguro de suas faculdades e certo da assistência de espíritos superiores (o que atestará usando de bom senso e apoiando-se na abalizada opinião de Allan Kardec) é que o médium, com bastante disciplina, pode arriscar esse tipo de exercício.

Detalhe de livro de preces. Percebe-se, na página da direita, a fotografia de José Arigó,

Não foi somente através do receituário que ela realizou curas – também o fez através de passes e até de preces! Curou alguns pa-

53

ralíticos (vítimas de subjugação física) com a assistência de Eurípedes Barsanulfo. Embora Eurípedes tenha lhe dado valiosa contribuição nesse mister, foi Bittencourt Sampaio quem mais a amparou, conforme se depreende do caso abaixo, transcrito do livro *Lindos casos da mediunidade gloriosa*, de Ramiro Gama:

Muito jovem ainda, ela entregou-se ao trabalho de curas espíritas a conselho dos amados Protetores Espirituais, em particular Bittencourt Sampaio, que a dirigia no início da sua 'carreira mediúnica'. Esse grandioso Espírito, a quem ela confessa dever muito, era de opinião que ela deveria se dedicar aos serviços de curas e não à literatura mediúnica, dados os positivos 'dons de curar' que ela possuía. E dizia-lhe:

– Na prática da caridade eu lhe darei a minha assistência espiritual.

Fiada nessa confortadora promessa, levantou-se em Yvone [sic] um estranho entusiasmo e começou a curar, inclusive obsidiados. E muitos desses, em sessões, apenas com passes e até no próprio domicílio do paciente, obtinha resultados auspiciosos. Ainda se recorda do arrojo da ignorância que, então, era a sua sobre obsessores, pois, conhecendo superficialmente a Doutrina, ia, sozinha, atender aos que a chamava. E a primeira cura nessas condições foi a seguinte:

Uma jovem viúva, por nome Argentina, casara-se, novamente, depois de apenas dois anos de viuvez. O marido falecido, porém, ainda estava preso aos prejuízos da Terra e encheu-se de ciúmes e começou a obsediá-la, indignado com o que supunha *traição* da amada esposa. A situação agravou-se de tal forma que Argentina descontrolou-se e jamais pôde suportá-la. O recurso foi apelar para o Espiritismo. E, num dia de crise muito forte, chamou-a. Yvone [sic] atendeu e dirigiu-se à casa da doente, levando como única companhia *O Evangelho Segundo o Espiritismo*. A custo conseguiu orar, junto dela e ler uma página do 6º capítulo, "O Cristo Consolador".

Subitamente, Yvone [sic]deixou o *Evangelho* e colocou as mãos sobre a obsediada, ordenando ao seu obsessor que se afastasse em nome de Jesus. Argentina soltou um grito pavoroso e caiu estatelada no chão, com os olhos horrivelmente abertos, a boca espumante, em convulsões. Nesse instante, a médium viu a presença de Bittencourt Sampaio e um quadro confortador relampejou pela sua mente: Jesus expulsava os *Espíritos impuros* despertando os doentes. Tomou, então, os braços à doente, sacudiu-a e disse-lhe com energia:

– Argentina, desperta, em nome de Deus! – e soprou-lhe no rosto, sem saber por que o fazia.

Argentina despertou boa, queixando-se de que dormira muitas horas e que estava cansada de dormir...[34] (Grifos do original.)

O caso é bastante eloqüente e encaixa-se perfeitamente no que foi dito acima. Embora não tivesse profundos conhecimentos sobre mediunidade e obsessão, Yvonne aventurou-se a atender a pobre obsediada não por considerar-se infalível ou já devidamente preparada, mas por guardar a certeza, filha da experiência e do amadurecimento, de que um espírito de alta envergadura espiritual a tutelava.

Três dias depois do atendimento, conta o saudoso Ramiro, o espírito foi esclarecido através da própria Yvonne, em reunião mediúnica apropriada, não mais voltando a molestar a antiga esposa.

5. EFEITOS FÍSICOS

Yvonne era médium de efeitos físicos, embora não tenha exercitado essa potencialidade, observando os conselhos de Bezerra de Menezes, Bittencourt Sampaio e Charles. Ela o descobriu em Lavras, a já mencionada cidade mineira.

Era 1926. Apesar de ter apenas seis dias de estadia ali, foi convidada a assistir a uma sessão de materializações, onde atuava a médium Zulmira Teixeira, a mais bela médium de efeitos físicos que conhecera, de acordo com suas palavras. Naquela mesma noite, diante de desconhecidos, pois a própria médium lhe era estranha, a pupila de Charles viu materializar-se, tal como se mostrava visível em sua infância e durante a sua juventude, o querido Roberto de Canallejas, a quem há muito tempo não via. Roberto falou-lhe das tarefas que viriam e do amor que lhe devotava; e, quando foi despedir-se, produziu um fenômeno que a todos impressionou: os braços de Yvonne desapareceram, e ele transfigurou, nos dela, os seus próprios braços, num fenômeno luminoso de rara beleza, que clareou todo o ambiente, permanecendo ela como mulher com braços masculinos! Descobriu-se, então, médium de transfiguração.

---

34 GAMA, RAMIRO. *Lindos casos da mediunidade gloriosa.* 1ª ed., São Paulo, LAKE, 1977, pp. 117-118.

As materializações aconteciam, com mais freqüência, na sua intimidade. Não lhe era difícil ver um dos seus amigos espirituais, como Charles, materializado no seu quarto, de forma impressionante. Também Chopin o fazia, e duas ocasiões, em especial, se mostraram peculiares. Eis o que aconteceu:

No dia 10 de março de 1958, o músico polonês apresentou-se completamente materializado no seu quarto. Recordando seu estado humano, ele mostrava-se envolto numa manta que o cobria da cabeça aos pés. Denotando mal-estar, o grande músico mostrou-lhe, inclusive, os pés inchados, fato bastante inusitado. Ele sentou-se ao lado de Yvonne e ela pôde até sentir o calor de seu corpo. De outra feita, ele, que morreu vítima de uma tuberculose, estampou todas as características da doença, chegando mesmo a tossir, expectorar e ter hemoptise.[35]

Além desses, outros fenômenos ocorreram, esparsamente. Embora sem cultivá-los, os efeitos físicos produzidos por Yvonne são de rara beleza, merecendo esse breve registro.

6. PSICOMETRIA

Certos indivíduos têm a capacidade de vislumbrar a história de pessoas, objetos e/ou ambientes, bastando, para tanto, entrar em contato com os mesmos. É o que se chama de *psicometria*. A visão se dá em panoramas sugestivos, como numa tela de cinema, revelando cores, detalhes, vida. O fenômeno é estudado com bastante primor por Ernesto Bozzano em uma de suas obras.[36] Yvonne gozava desta faculdade.

A psicometria é uma faculdade muito mais comum do que se supõe. Inúmeros médiuns, em menor ou maior grau, são capazes de descrever cenas e sentir as mais variadas impressões, boas ou ruins, de pessoas, objetos e lugares.

---

35 PEREIRA, YVONNE A. *Devassando o invisível*. 5ª ed., Rio de Janeiro, FEB, 1984, pp. 76-77.

36 BOZZANO, ERNESTO. *Enigmas da psicometria*. 2ª ed., Rio de Janeiro, FEB, 1981.

Conta Yvonne[37] alguns interessantes fatos que lhe ocorreram, tendo, como pano de fundo, essa porta aberta para o infinito. Dentre eles, destaca-se uma visão que muito a impressionou.

Tendo se hospedado, por algum tempo, na casa de uma amiga, Yvonne, durante as noites ali passadas, não conseguiu 'pregar os olhos'. Inesperadamente, ela era surpreendida por visões perturbadoras que remontavam ao período da escravatura. Passou a contemplar cenas daquele tempo com riqueza de detalhes, ouvindo gritos e vendo negros sendo duramente castigados. Numa delas, a pupila de Charles distinguiu um escravo sendo criminosamente açoitado ao pelourinho, a externar profunda dor. No dia imediato, ela resolveu narrar as impressões que colhera do ambiente, e sua amiga lhe disse que no lugar onde a casa fora construída havia, no período colonial, uma grande fazenda de escravos, e que as ruínas do pelourinho, entrevisto no fenômeno mediúnico – o qual se dava em pleno estado de vigília, já que Yvonne não conseguia dormir com aquelas percepções –, ainda existiam ali, podendo ser constatada a veracidade do fenômeno.

De outra vez, apresentada a um jovem cego, que tinha rosto e mãos marcados por manchas brancas e naturais, ela pôde penetrar em seus arquivos mentais e de lá extrair imagens que o revelavam como a reencarnação de antigo inquisidor espanhol, muito conhecido pela sua crueldade e sua ousadia, que castigava seus aprisionados furando olhos e os queimando com ferro em brasa. Francisco Cândido Xavier, sem que tivesse com ela se entendido sobre o fato, também viveu a mesma experiência com o mesmo jovem.

7. PREMONIÇÃO

No nono capítulo, intitulado "Premonições", do livro *Recordações da mediunidade*, Yvonne propõe a análise desse curioso fenômeno, revelando particularidades daqueles que aconteciam consigo mesma. Ela era, também, médium de premonição. E não se tratava de uma faculdade apática, inexpressiva, tímida, mas completamente desperta e atuante. É ela mesma quem o diz na citada obra:

---

37 PEREIRA, YVONNE A. *Devassando o invisível*. 5ª ed., Rio de Janeiro, FEB, 1984, pp. 174-197.

> Eu era, como ainda sou, médium de premonições. Qualquer acontecimento grave, feliz ou desditoso, que me diga respeito ou à família e, menos freqüentemente, em que se refira a amigos e à coletividade, é-me descrito em sonhos através de quadros encenados ou parábolas, muito antes que aconteça [...][38]

As premonições podem se apresentar de maneiras variadas. Há médiuns que as têm por meio da intuição, o que se chama, comumente, de pressentimento. Outros ouvem a voz dos espíritos a alertá-los. Muitos têm visões. Elevado número sonha com acontecimentos que acabam se concretizando durante o período de vigília. As revelações tanto podem estar relacionadas com o próprio sensitivo ou com uma pessoa próxima, como também não lhe afetar diretamente. Os porquês de tais revelações permanecem ignorados.

Na seqüência de suas considerações, Yvonne conta alguns casos vivenciados por ela mesma, apresentando explicações e detalhes enriquecedores. Um deles, cuja revelação é de caráter geral, é o que vai transcrito logo abaixo:

> No ano de 1940, por exemplo, quando Benito Mussolini, poderoso primeiro ministro do Rei da Itália, se encontrava no auge do poder, durante um sonho (...) foi-me revelado o seu trágico desaparecimento, tal como se verificou, até mesmo o seu cadáver profanado, suspenso de um poste, e os seus pobres olhos esbugalhados de horror, fora das órbitas, como mais tarde os clichês da imprensa e os filmes cinematográficos reproduziram, ao relatarem os acontecimentos de Milão, em 1945.[39]

Conta ela que, no dia imediato, ao relatar tais impressões, foi desacreditada pela família, pois esta, tal ela própria, não via sentido em uma revelação de tamanha importância ser feita a alguém que sequer vivia diretamente ligada aos acontecimentos daquela região da Europa. Mas, passados os anos, Benito Mussolini veio a padecer exatamente como ela previra, permanecendo incompreendida, até então, a premonição.

---

38 PEREIRA, YVONNE A. *Recordações da mediunidade*. 7ª ed., Rio de Janeiro, FEB, 1992, p. 159.

39 Idem, p. 159.

Outros sonhos premonitórios são relatados, como aqueles em que foi avisada do desenlace de sua mãe, Elizabete do Amaral Pereira, e de seu pai, Manoel José Pereira.

Afirma Yvonne que os espíritos utilizam técnicas variadas para fazerem conhecer os acontecimentos futuros, dependendo, o modo utilizado, dos objetivos, da elevação e da personalidade da entidade espiritual. Charles, por exemplo, costumava ser contundente e bastante enérgico. Ao anunciar à médium a morte de sua mãe, ele o fez através de um sonho dramático, que a perseguiu durante seis meses. Nele, Yvonne acompanhava um cortejo fúnebre, sem saber de quem se tratava. Só depois de algum tempo percebeu que quem ia dentro do caixão era sua própria mãe, que iria falecer no dia 18 de outubro de 1939.

Diferente de Charles, as premonições proporcionadas por dr. Bezerra de Menezes mostravam-se mais suaves e doces, amenizando o impacto das revelações. Para anunciar o desencarne do pai de Yvonne, o Médico dos Pobres apresentou-lhe, numa tela, uma mansão antiga e bela, de estilo clássico. A cada momento o prédio ameaçava ruir, quebrando-se portas e janelas, contemplando-se ratos a ir e vir. De repente, o prédio desmoronava e em seu lugar outro prédio permanecia, constituído de uma substância cintilante e nebulosa. Era um símbolo a mostrar que, embora enfermo o corpo, o espírito sobrevive, belo e feliz.

Para concluir, mencionarei uma premonição relacionada a ela própria: certa noite, quando gozava seus dezoito anos de idade, Yvonne – em sonho – se viu diante de uma grande ponte em ruínas, a qual precisava atravessar. Ao lado, o espírito Bittencourt Sampaio a encorajá-la para o desafio, visto que a cada passo que dava a ponte balançava e as águas que por debaixo passavam ameaçavam engolir a ambos, ponte e médium. À custa de muito esforço, Yvonne conseguia vencer o desafio e, chegando ao outro lado, Bittencourt Sampaio lhe afirmava que aquela travessia simbolizava as duras provações pelas quais teria que passar, ao longo da vida, a fim de conseguir libertar-se das inúmeras responsabilidades que possuía.

E assevera Yvonne:

Com efeito, a premonição realizou-se integralmente, dia a dia, minuto a minuto: minha existência há sido travessia constante sobre um caudal de dores que o Consolador amparou e fortaleceu.[40]

---

40   Idem, p. 173.

V – Yvonne e as Produções Literárias

> Escrever livros mediúnicos é compromisso gravíssimo. É responsabilidade terrível, é lágrima, é sacrifício, é dor, é renúncia, é morrer para tudo o mais que não seja aquele ideal divino que Jesus definiu quando sentenciou:
> – Se alguém quiser vir nas minhas pegadas, renuncie a si mesmo, tome a sua cruz e siga-me [...]
>
> Yvonne[41]

Yvonne era médium de diversas potencialidades. Contudo, sabe-se que seu maior compromisso estava em ser intermediária dos romances mediúnicos.

Ela tinha bastante consciência disso. Mesmo porque, os espíritos amigos não cansavam de alertá-la para a necessidade de não desviar sua atenção para determinadas faculdades que eclodiam, a exemplo da produção de efeitos físicos, taxativamente desestimulada pelos orientadores espirituais.

Os indícios dessa tendência surgiram em sua infância, quando era grande sua inclinação para a literatura. O primeiro livro que leu, aos oito anos de idade, foi um romance espírita, que despertou seu interesse pela literatura. A partir daí, outros escritos passaram por suas mãos, como *Escrava Isaura* e *Iracema*, de Ber-

---

41 PEREIRA, YVONNE A. *À luz do Consolador*, 2ª ed., Rio de Janeiro, FEB, 1997, p. 67.

nardo Guimarães e José de Alencar, respectivamente. Aos quatorze, já lia *Paulo e Virgínia*, de Bernardin de Saint-Pierre, e *Werther*, de Goethe, obras cujo conteúdo estava acima da assimilação comum naquela idade; e, aos dezesseis anos, apreciava obras de criminologia popular, como as de *sir* Arthur Conan Doyle, criador do conhecido detetive Sherlock Holmes.

A soma dessa e de outras leituras aguçou em Yvonne não somente o interesse de ler, mas também o de escrever. Aos doze anos, começou a produzir os seus primeiros textos, o que fazia rapidamente, sempre vendo um vulto espiritual ao seu lado. Era o espírito Roberto de Canallejas. Boa parte desses escritos, que, embora fossem de caráter geral, encerravam traços espíritas, foram publicados em diversos jornais, que ela não teve o cuidado de guardar devido à sua inexperiência.

Em verdade, os primeiros escritos não passaram de exercícios, aqueles a que os médiuns têm de se dedicar antes de entregar ao público o fruto de seu labor. São muitos os que assim procedem ou procederam, como, no passado, Zilda Gama, Francisco Cândido Xavier, Dolores Bacelar e Júlio César Grandi Ribeiro; e, na atualidade, Divaldo Pereira Franco, Carlos Baccelli, Dora Incontri, Elzio Ferreira de Souza e outros. Tais exercícios possibilitam ao médium acostumar-se com as energias espirituais, habituando-se a distinguir o seu do psiquismo dos espíritos, a fim de que o pensamento destes possa ser transmitido com a maior fidelidade possível.

Nesse sentido, seus orientadores espirituais levaram-na a submeter-se, desde a juventude, aos espíritos Roberto de Canallejas e Camilo Castelo Branco, de quem ela receberia importantes relatos.

Mais à frente, encontrando-se mais amadurecida e experimentada, os espíritos Charles, Léon Tolstoi e Bezerra de Menezes também escreveram obras romanceadas, que viriam a público e ganhariam um merecido lugar nas estantes do bom estudioso espírita.

Falemos um pouco sobre essas obras

1. AS PRIMEIRAS OBRAS

Tendo maior identificação com Roberto de Canallejas, por terem vivido algumas existências juntos, foi ele o primeiro a acompanhá-la nessa tarefa. A princípio, o fez através da inspiração, para, só depois, assumir verdadeiramente o lápis e psicografar.

Foram profundas as experiências literárias que vivenciaram. Porque despertasse em Yvonne lembranças de um distante passado, a Roberto coube a tarefa de traçar os esboços de duas obras que compõem a trilogia que retrata suas encarnações: O *drama da Bretanha* e O *cavaleiro de Numiers*.[42]

Curioso é observar que O *drama da Bretanha*, embora seja o último da série, tenha sido a primeira obra a ser transmitida a Yvonne, seguido de O *cavaleiro de Numiers*, a segunda. Só encontro uma justificativa para isso, e é a seguinte:

Escrever aqueles romances significava, para Yvonne, muito mais do que ser médium de uma história e transmissora de conceitos doutrinários. Importava, também, mergulhar nos arquivos de sua própria alma, tomando conhecimento de suas existências passadas. O que para muitos seria algo bom e até, quem sabe, um tanto divertido, para ela estava longe de representar um alegre passatempo. Era não somente saber quem foi, onde nasceu e de quem foi filha, se foi homem ou mulher, rica ou viveu na miséria, mas também ter conhecimento daquilo que fez de errado, dos deslizes, das fraquezas morais. E essas revelações, para qualquer pessoa, equivale a dolorosa provação.

Sendo assim, suas percepções e descobertas precisavam ser devidamente dosadas. Embora fossem um remédio eficaz para suas necessidades evolutivas, não deviam ser ministradas de uma vez, sob risco de provocarem uma espécie de *overdose* que poderia, quem sabe, levá-la à loucura. Como eram espíritos relativamente situados na mesma faixa vibratória, o processo de rememoração e transmissão funcionava muito mais como um meio de reeducação, na medida em que ambos, espírito e médium, aprendiam com as lições de cada existência e eram estimulados a não repetir os mesmos erros.

Como dizia, O *drama da Bretanha* e O *cavaleiro de Numiers* foram os primeiros da série a serem escritos. Contudo, permaneceram engavetados por cerca de quarenta anos! Fruto dos primeiros

---

42 A trilogia está assim disposta: *Nas voragens do pecado*, O *cavaleiro de Numiers* e O *drama da Bretanha*.

anos de sua incursão na literatura mediúnica, as obras apresentavam-se inacabadas, incompletas. Mesmo porque Roberto de Canallejas, tendo que reencarnar, não pôde concluí-las devidamente.

No final da década de 1950, o espírito Charles, seu guia espiritual, escreveu por seu intermédio o livro *Nas voragens do pecado*, o primeiro da citada série; e, aproximadamente dez anos depois, retomou os manuscritos de Roberto de Canallejas, dando-lhes nova forma, acrescentando alguns detalhes e entregando-os à publicidade. Porque foram mudanças significativas (*O cavaleiro de Numiers*, originalmente, chamava-se *A tragédia de Numiers*), Yvonne resolveu atribuir a Charles a autoria dos romances, não sem fazer a ressalva de que Roberto os iniciara.

Já que tocamos no livro *Nas voragens do pecado*, convém fazer, ainda, uma pequena anotação. Esse livro é bastante rico em dados históricos. Seu primeiro capítulo, em especial, é recheado de uma impressionante descrição do que foi a Noite de São Bartolomeu. Tanto assim que podemos encontrar, em um livro didático de história moderna e contemporânea, transcrição de uma parte do relato de Charles, o que nos leva a dimensionar sua importância.[43]

Além de Roberto, outro espírito a seguia desde os doze anos. Yvonne não sabia de quem se tratava, somente dando-se conta de sua identidade quando, mais tarde, o reconheceu num retrato: era Camilo Castelo Branco.

Quatorze anos após os primeiros contatos, ou seja, lá pelo ano de 1926, Yvonne começaria a receber *Memórias de um suicida*, que relata, através da história do escritor português, o destino dos suicidas após a morte. Somente publicada trinta anos depois, tendo sido, sua segunda edição, revista pelo espírito Léon Denis, a obra foi assinada com um pseudônimo, Camilo Cândido Botelho, para que se evitasse qualquer complicação quanto à identificação da obra mediúnica com os textos terrenos do autor. Aliás, afirma Yvonne, espíritos como Camilo Castelo Branco não se importam muito em transmitir seus estilos. Acostumados, quando encarnados, a escrever para os grandes do mundo, impressionan-

---

43 PAZZINATO, ALCEU LUIZ; SENISE, MARIA HELENA VALENTE. *História moderna e contemporânea*. 1ª ed., São Paulo, Ática, 1992, p. 76.

do com um estilo inconfundível, suas atenções, como espíritos esclarecidos pelos fachos de luz do bem, concentram-se em transmitir lições de amor e renovação às almas sofridas, carentes de estímulos evolutivos.

Malgrado a despreocupação com o estilo e o fato de Yvonne ser médium plenamente consciente, não será difícil, ao bom observador, constatar a facilidade com que ela conseguiu ser bastante fiel ao estilo dos espíritos. Tomemos, para exemplo, o livro *Nas telas do infinito*, a primeira obra de sua lavra que a FEB publicou, em 1955.

Dividido em duas histórias, a segunda, intitulada "O Tesouro do Castelo", foi-lhe ditada por Camilo Castelo Branco em 1930. Iniciada com a narrativa do desdobramento mediúnico que lhe facilitou o primeiro contato com o enredo, feita pela própria Yvonne, a mudança de estilo apresenta-se visível tão logo se adentra o segundo capítulo. A partir dali, é Camilo Castelo Branco quem destila seus traços elegantes e eloqüentes, sedutores, atraindo o leitor num crescente fascínio. Os mesmos traços estilísticos são percebidos em *Memórias de um suicida*.

Quem já teve oportunidade de ler ou mesmo folhear uma de suas produções terrenas, não terá dificuldades em encontrar traços característicos de sua maneira de escrever. Não foi em vão que o dr. Carlos Imbassahy, respeitado pesquisador espírita e conhecedor das obras de Camilo Castelo Branco, atestou a presença do vate português nos escritos de Yvonne.

Não menos inconfundível é o estilo de Bezerra de Menezes. Na mesma obra, *Nas telas do infinito*, ele escreve "Uma História Triste", ditada pelos idos de 1928. A narrativa é fruto de uma incursão feita por ela, orientada e conduzida pelo Médico dos Pobres, em uma favela do Rio de Janeiro. A mesma observação supracitada é válida para esse caso: a diferença dos estilos é notória, quando Yvonne deixa de narrar o fenômeno de desdobramento e Bezerra passa a contar a história.

A propósito dessa obra, Chico Xavier, em carta escrita ao dr. Wantuil de Freitas,[44] asseveraria mais tarde que, embora não

---

44 SCHUBERT, SUELLY CALDAS. *Testemunhos de Chico Xavier*, 2ª ed., Rio de Janeiro, FEB, 1991, pp. 341-342.

fosse conhecedor do estilo camiliano, o livro era impressionante e luminoso, tudo nele indicando sublimidade. Grande também foi sua admiração pela reprodução do estilo de Bezerra, que lhe parecia inconfundível.

Mas a presença literária de Bezerra não se limitou ao livro *Nas telas do infinito*, tendo sido ainda mais significativa a sua contribuição para a obra mediúnica de Yvonne. É um pouco do que veremos a seguir.

2. AS CONTRIBUIÇÕES DE CHARLES E DE BEZERRA

Antes de abordar outros aspectos da contribuição dos espíritos Charles e Bezerra de Menezes nas produções literárias de Yvonne, permita-me, amigo(a) leitor(a), fazer uma rápida digressão, que em tudo julgo necessária.

No item anterior, mencionamos cinco trabalhos que, embora recebidos mediunicamente por Yvonne no alvorecer de sua juventude, somente foram publicados anos depois. Digo cinco, porque o livro *Nas telas do infinito* é composto de dois episódios distintos, que não guardam relação um com o outro, embora enfeixados em único volume.

Existe uma razão muito forte para que essas obras fossem ditadas durante a sua juventude. É que, naquele período, Yvonne encontrava-se numa fase que poderíamos chamar de 'fertilidade mediúnica'. A sua juventude e o recato da cidade de Lavras, interior de Minas Gerais, facilitavam-lhe a reunião de duas condições importantíssimas para a produção mediúnica: o recolhimento e o vigor físico. Para a captação de obras tão delicadas, poder reunir disposição física e a tranqüilidade de uma cidade pequena era estar na metade do caminho. A outra metade era de esforço pessoal.

Além disso, segundo suas próprias anotações, a cidade de Lavras parecia conter uma energia diferente. Era como se os espíritos sublimes tivessem escolhido aquele recanto silencioso do mundo para fazer brilhar as luzes alvinitentes do invisível. Os mais belos fenômenos mediúnicos que presenciou, as mais surpreendentes curas, o melhor corpo de trabalhadores que encontrou na vida estavam naquela cidadezinha mineira que, por isso mesmo, ficou marcada em sua memória, deixando rastros de luz em suas produções.

Foi lá, também em Lavras, que ela tomou contato com dois espíritos sublimes: Victor Hugo e Fréderic-François Chopin, no ano de 1931. Na ocasião, Victor Hugo, o pai da escola condoreira do romantismo, apresentou-lhe a saga de Gaston, que futuramente Charles escreveria sob o título *Amor e ódio*. Publicada em homenagem ao centenário de O *livro dos espíritos*, a obra é dedicada à juventude espírita do Brasil, com quem Charles, segundo sua própria assertiva, assumiu graves compromissos no espaço.

Não bastassem as obras que deixou, Charles ainda surpreenderia a todos ao publicar, na obra *Sublimação*, de 1973, dois interessantes contos em que retrata mais algumas existências vividas ao lado de Yvonne. São os contos "Evolução" e "Nina".[45] Reveladoras de particularidades curiosas, as narrativas convidam o leitor a refletir, sempre e cada vez mais, sobre os intrincados mecanismos da lei de causa e efeito que regem nossos destinos.

Havia, no entanto, uma existência que Charles tinha intenção de narrar. Era a última, antes da presente encarnação, vivida na Espanha e em Portugal, que encontrou seu termo na segunda metade do século XIX. Contudo, dr. Bezerra de Menezes, intervindo, sinalizou para o inconveniente da abordagem, considerando que Yvonne não necessitava de mais esse testemunho, ou seja, não precisava tornar pública mais uma encarnação em que não foi feliz.

Já que tocamos no nome de Bezerra, voltemos a falar sobre sua valiosíssima contribuição.

Seria impossível pensar a obra de Yvonne sem o 'dedo invisível' do Médico dos Pobres. Além de ter sido orientador paternal e companheiro de receituário e curas, ele foi um dos espíritos que ativamente participaram da elaboração da obra *Devassando o invisível*, de 1963, que, justiça seja feita, representa um marco dos relatos auto-biográficos de médiuns brasileiros. Até então, nenhum outro médium, dentro das nossas fronteiras, havia se lançado a falar de suas experiências mediúnicas, apresentando estudos e teorias como ela o fez. Essa obra pode ser equiparada a *No país das*

---

45 PEREIRA, YVONNE A. *Sublimação*. 6ª ed., Rio de Janeiro, FEB, 1990, pp. 125-221.

sombras, da médium Elisabeth d'Esperance, que, de forma parecida, fala dos fenômenos acontecidos ao longo de sua própria vida.

E, como não bastasse o monumental *Devassando o invisível*, três anos depois ela apresentaria ao público *Recordações da mediunidade*, este sob a supervisão mais intensa de Bezerra.

Antes dessas obras, porém, Bezerra de Menezes escrevera *A tragédia de Santa Maria* e, um pouco mais à frente, *Dramas da obsessão*. Histórias reais são abordadas, retiradas das lágrimas de almas que buscam a ascensão à custa de duros sofrimentos.

A primeira, dedicada aos jovens, encerra uma comovedora história de duas almas afins que, separadas pelas teias da inveja, reencontram-se numa vida após, no mesmo cenário de antes – a Fazenda Santa Maria –, a fim de reconstruírem seus destinos. Conta Yvonne que esta foi a obra que maior facilidade teve de receber dos instrutores espirituais. Além disso, quanto à transmissão da história, sua percepção se deu através de inúmeros mecanismos, quais sejam:

> (...) visão antes e no momento da recepção, audição, psicografia isolada (desacompanhada de visão e de audição), psicografia acompanhada dos outros fenômenos e intuição acompanhada de visão.[46]

Sobre o recebimento daquela novela mediúnica, acompanhemos, ainda, outro trecho do seu depoimento:

> Consideramos essa época de nossa existência (quatro meses), das mais felizes, entre as poucas horas ditosas que fruímos neste mundo, dada a suavidade, o enternecimento das faixas vibratórias que nos envolveram durante o período consumido no ditado do trabalho. Que de visões outras, então, obtivemos da vida espiritual! Que de surpresas cativantes![47]

Já a segunda obra é composta de dois casos de obsessão tratados por ele e Yvonne a partir da cidade de Lavras. Os casos são desses que todo trabalhador de reuniões de desobsessão deve ler, estudar e meditar profundamente.

---

46 PEREIRA, YVONNE A. *Devassando o invisível*. 5ª ed., Rio de Janeiro, FEB, 1984, pp. 128.

47 Idem, p. 128.

Ainda uma observação a fazer sobre Bezerra de Menezes. Quando encarnado, ele foi romancista de mão cheia! Uma de suas obras, *A casa assombrada*, é daquelas que apresentam ricos elementos narrativos, traindo um estilo regionalista e uma saborosa poesia.[48]

Conquanto Bezerra tenha sido romancista, a única médium que dele recebeu romances mediúnicos foi Yvonne do Amaral Pereira. Presente na vida de médiuns como Maria Cecília Paiva, Julio César Grandi Ribeiro, Francisco Cândido Xavier e Divaldo Pereira Franco, somente Yvonne recebeu dele, psicograficamente, obras romanceadas. Creio que assim aconteceu porque, por razões que ignoro, apenas ela reunia condições suficientes para captar seu pensamento nesse tipo de expressão.

Eis aí mais um dado distintivo da tarefa de Yvonne no âmbito da literatura mediúnica.

3. OS CONTOS DE TOLSTOI

O grande e mundialmente respeitado escritor russo, autor de *Ana Karenina* e *Guerra e paz*, dentre outros, aproximou-se da pupila de Charles, em espírito, no mês de junho de 1961. Yvonne jamais supusera que privaria de convívio mais direito com ele, sequer conhecendo, pessoalmente, sua obra literária. Não obstante, Léon Tolstoi escreveu por seu intermédio doze belíssimos contos, enfeixados nos volumes *Ressurreição e vida* e *Sublimação*, este em parceria com Charles.

No dia do seu primeiro contato, Tolstoi a arrebatou, em desdobramento, manifestando não somente sua intenção de escrever, mas também de transmitir regionalismo russo. Acreditando-se despreparada para um feito de tamanha monta (o regionalismo é algo muito melindroso, principalmente pelas vias mediúnicas), Yvonne negou, a princípio, a proposta. No entanto, Tolstoi afirmou que não seria difícil, visto que a médium já havia reencarnado na Rússia, conservando, nos arquivos do inconsciente, as informações necessárias para o ditado.

---

48 LOUREIRO, CARLOS BERNARDO. *Caderno de espiritismo, ensaio literário – I*, 1ª ed., Salvador, 1989, pp. 38-45.

Naquela mesma noite e em outras mais, Yvonne foi levada até a Rússia, penetrando em diversas cidades e vendo os vestuários, assistindo às festas e sentindo o clima, apreciando a vegetação e o solo russos. Contemplou o outono e o inverno; caminhou pelas aldeias e viu residências nobres; aprendeu os costumes do povo russo. Seis meses depois do primeiro contato, ela receberia, de inopino, o primeiro conto de Tolstoi, "O Sonho de Rafaela", que é o terceiro do livro *Ressurreição e vida*.[49] Foram, ao todo, doze contos de uma beleza singular.

Busquemos, primeiramente, deter o nosso olhar sobre *Ressurreição e vida*, de 1964. Diante da impossibilidade de falar de todos os contos, abordaremos o primeiro e o quarto, pela singular circunstância de referirem-se ao Evangelho.

O primeiro conto da obra, intitulado "O Reino de Deus", relata o encontro do escritor com Zaqueu, na espiritualidade. Tolstoi narra o que ouviu do ex-cobrador de impostos que, tendo subido numa árvore para ver Jesus, foi por este notado, tendo-lhe aberto as portas de sua casa ao mesmo tempo em que abria, para si mesmo, as *portas do céu*.

Zaqueu, já um espírito evoluído, profundamente transformado, narra a sua conversão ao cristianismo nascente, sua fidelidade ao Mestre, tendo acompanhado a crucificação de perto. Fala, também, que não foi aceito pelos discípulos, após a morte de Jesus, e que foi Paulo quem o acolheu de braços abertos. Do Apóstolo dos Gentios ele nunca mais se apartaria. Uma história que interessa a todo estudioso do Evangelho.

Vale, aqui, abrir um parêntese para mencionar o noticiário que Jorge Damas nos traz na sua obra *O 13º apóstolo – as reencarnações de Bezerra de Menezes*. Ele, que foi amigo de Yvonne, revela que a médium várias vezes afirmou que o dr. Bezerra não era outro senão Zaqueu reencarnado. Sim, Bezerra e Zaqueu são o mesmo espírito.

Esse dado, que é significativo por demais, eu mesmo tive a oportunidade de confirmar com Affonso Soares, que sempre foi amigo e confidente de Yvonne. Sendo assim, fica fácil compreen-

---

49 PEREIRA, YVONNE A.(médium); TOLSTOI, LÉON (espírito). *Ressurreição e vida*. 8ª ed., Rio de Janeiro, FEB, 1991, pp. 34-39.

der a aproximação de Tolstoi com a médium, visto como ambos integram o grupo de espíritos ligados a Bezerra de Menezes.

Em "O discípulo anônimo", segundo conto que trata do Evangelho, o autor de *Ana Karenina* fala de um jovem que se deixara arrebatar pelas belas e fascinantes lições da Boa Nova, e que seguia, anonimamente, os passos de Jesus. Culto e sincero em suas crenças, alma resolvida a entregar-se por amor ao Mestre, esse discípulo não apenas acompanhava as pregações de Jesus, como também transcrevia suas mensagens, de modo a não esquecê-las. Após o Calvário, o discípulo anônimo deixou a posição de inércia e saiu pelo mundo a pregar, a consolar, a curar endemoninhados e a amar. E quem era ele, afinal, já que o seu nome não se encontra registrado na história do cristianismo? Não há quem saiba! Léon Tolstoi, porém, levanta uma possibilidade. Permita-me entregar-lhe a palavra:

> Esse discípulo, todavia, poderás ser tu mesmo, meu amigo, tu, que me lês! Hoje, ainda, o mundo tanto necessita da Doutrina do Senhor como nos tempos de Anás e de Caifás, de Pilatos e de Herodes, de Nero e de Calígula... E tu que, voluntariamente, te aliaste, em boa hora, à Causa da redenção da Humanidade, poderás prestar idêntico serviço a Jesus... De uma coisa apenas necessitarás para o desempenho de tão grande tarefa:
> – Amor a Deus, ao próximo e ao Evangelho do teu Mestre Nazareno...[50]

***

Dos doze contos ditados a Yvonne, apenas oito compuseram *Ressurreição e vida*. Os quatro demais seriam aproveitados, posteriormente, na obra *Sublimação*, de 1973. Como ficou dito, esta obra foi dividida com Charles, que escreveu as duas últimas histórias.

Quando encarnado, Léon Tolstoi escreveu a obra *Ana Karenina*. Nesse empolgante romance, sua personagem principal, Ana, comete suicídio, não suportando o peso de suas provações.[51] Como muitas mulheres, em iguais condições, se miraram no

---

50   Idem, p. 77.
51   TOLSTOI, LÉON. *Ana Karenina*. São Paulo, Abril, 1971.

exemplo da personagem e se suicidaram, Tolstoi, acreditando-se responsável, dedicou aquelas histórias à prevenção do suicídio, como uma forma de compensar, com o bem, o mal que inconscientemente provocou.

Como essa obra contém um conto que suscita instigantes conclusões, peço licença para fazer, aqui, uma digressão um pouco mais longa, mas muito interessante.

Amor Imortal

Assim intitulado, o conto registra a vida de Várvara Dimitrievna, uma médium russa que desde criança comunicava-se com os espíritos. Órfã ainda pequena, criada por um tio que compreendia a realidade espiritual, Várvara era vidente, audiente e psicógrafa, revelando também a faculdade receitista, assistida por espíritos que foram médicos, especialmente por Yvan Yvanovitch. Este, além de ter sido médico, fora seu marido em outra existência e, não suportando a dor de uma traição, suicidou-se.

Yvan prosseguiu auxiliando Várvara na cura de doentes, apresentando maior inclinação para crianças. Tudo corria tranqüilamente, até que ele anunciou à sua antiga esposa que precisava reencarnar, afirmando que não lhes seria possível um reencontro na carne. Prometeu, porém, que a buscaria incessantemente, através do sono e do pensamento, o que viria a ocorrer.

Yvan afastou-se e Várvara sofreu. Com o desencarne do tio, ela se viu sem recursos, indo trabalhar como governanta e preceptora para uma família de diplomatas ingleses, com quem foi para o Brasil, ali terminando seus dias. Nesse ínterim, aprendeu o esperanto, a língua universal, mantendo correspondência com várias partes do mundo.

Anos após o reencarne de Yvan, Várvara recebeu carta de um jovem polonês estudante de medicina, da cidade de Varsóvia, de nome Frederyk Kowalski, com quem passou a travar larga correspondência. No fundo do coração, ela sentia – e sabia – que aquele Frederyk era ninguém menos que o seu Yvan reencarnado. Profunda emoção a invadiu.

A partir de então, os dois trocaram cartas recheadas de amor. Ele queria viver esse sentimento em termos corporais, mas ela buscava dissuadi-lo, compreendendo que esse amor deveria ser sublimado.

Foram, assim, mantendo um gostoso contato, até que a morte dele, na Primeira Guerra Mundial, impôs nova separação entre ambos. E porque Várvara também fosse médium de desdobramento, acompanhava-o constantemente, tendo presenciado sua morte num campo de batalha.

Embora eu tenha feito, aqui, uma abordagem linear da história, não foi assim que o fez seu autor. Com a beleza e a riqueza literárias suas, Tolstoi pôs-se na condição de narrador-personagem, animando a figura de um jovem escritor apaixonado por uma senhora de quarenta anos de idade, chamada Natacha Anna Pavlovna. Foi esta, por sinal, quem lhe apresentou a história da vida de Várvara, escrita em um relatório que a própria protagonista redigiu antes de desencarnar, favorecendo-lhe o ensejo de torná-la bela peça literária. O jovem analisa a história com seriedade, pois também cria na mediunidade e na reencarnação. E, dispondo de um médium confiável, trava diálogo com Várvara, já desencarnada, que lhe presta diversas informações sobre o caso em questão, afirmando, inclusive, que o indivíduo com quem ela havia traído Yvan, em outra existência, não era outro senão aquele mesmo, o jovem escritor. E a história se encerra.

Encerra-se, é claro, no livro de Léon Tolstoi, porque para nossas páginas ela apenas se inicia.

Ao ler este conto, não tive como não me remeter ao livro *Um caso de reencarnação – eu e Roberto de Canallejas*, pois as duas histórias são muito semelhantes. Senão vejamos:

• Várvara era médium desde criança e sofreu graves provações, durante a juventude, por conta da mediunidade;

• Várvara via Yvan Yvanovitch, que afirmava ter sido seu marido em outra existência e médico, com maior inclinação para o trato de crianças;

• Yvan dizia que foi traído por ela e cometeu suicídio e reencarna em Varsóvia, descobrindo Várvara no Brasil 'por acaso', através do esperanto;

• Yvan desencarna antes de Várvara e esta vai ajudá-lo na espiritualidade.

Quem ler *Um caso de reencarnação – eu e Roberto de Canallejas* perceberá que as histórias se identificam. Apesar das di-

73

ferenças de datas, localidades, nomes, profissões e idades, os pontos mais importantes e delicados assemelham-se em tudo ao drama vivido por Yvonne e Roberto. Por isso, serei ousado em afirmar, especulativamente, que Léon Tolstoi se referia a ambos. E explico-me:

Confirmando-se a hipótese que levanto, o fato seria uma premonição, plenamente justificada no que Yvonne afirmou, em certa obra: "efetivamente, todos os acontecimentos importantes de minha vida me foram prenunciados".[52] Além do mais, o conto "Amor Imortal" faria parte do volume *Ressurreição e vida*, mas ficou para publicação futura. Estavam, os amigos invisíveis, a prepará-la para o reencontro com o Roberto reencarnado?

Outro fator colabora para que eu, em particular, acredite na identidade das histórias: o estilo diferente usado por Tolstoi. Ele se insere de maneira curiosíssima na história, relata-a quase toda através de uma carta da protagonista e finaliza-a de modo surpreendente, num encadeamento – vale a pena o pleonasmo – surpreendentemente belo. Não que a ligação demonstrada no conto não seja possível, não é isso; mas me parece que Léon Tolstoi emprestou à história um colorido muito especial, um colorido em tudo diferente. Queria ele conduzi-la a descobrir, nas entranhas do conto, a realidade que a aguardava? Eis uma boa pergunta.

Guardo, para mim, a convicção de que a espiritualidade superior, através da pena de Léon Tolstoi, provou, mais uma vez, não somente carinho e atenção com Yvonne do Amaral Pereira, mas também a beleza da vida e a logicidade ímpar que existe nos sublimes mecanismos reencarnatórios, trazendo ao conhecimento da médium mais um acontecimento que protagonizaria. E mais: trazendo-lhe a provação de ter a sua vida mais uma vez devassada, posto que um acontecimento de tão grande monta veio à publicidade antes mesmo do seu desfecho real!

---

52 PEREIRA, YVONNE A. *Um caso de reencarnação – eu e Roberto de Canallejas*. 1ª ed., Rio de Janeiro, Societo Lorez, 2000, p. 34.

VI – Yvonne e o Suicídio

> O que sabemos é que o suicídio é infração às leis de Deus, considerada das mais graves que o ser humano poderia praticar ante o seu Criador. Os próprios Espíritos de suicidas são unânimes em declarar a intensidade dos sofrimentos que experimentam, a amargura da situação em que se agitam, conseqüentes do seu impensado ato.
>
> Yvonne[53]

Ao tratarmos, no segundo capítulo, da trajetória das encarnações de Yvonne Pereira, ficou muito claro o seu forte comprometimento com o drama do suicídio. Além de tê-lo provocado por duas vezes, ambas se precipitando de alturas, mostrou-se como foco de outros três, praticados graças a fatos em que se envolvera, conforme se poderá conferir nos livros *Sublimação* e *O cavaleiro de Numiers*.

Por conta disso, Yvonne trouxe para a sua última experiência física o compromisso com o suicídio. Cabia a ela, como médium, atender a espíritos suicidas, orientando-os no caminho do equilíbrio da própria consciência, além de aconselhar e escrever livros e artigos que ajudassem os indivíduos a valorizar a vida, fugindo da idéia de auto-extermínio.

Sua tarefa junto aos suicidas, ou seu resgate, como gostava de afirmar, lhe foi anunciada, pela primeira vez, pelo espírito Ro-

---

53 PEREIRA, YVONNE A. *À luz do Consolador*, 2ª ed., Rio de Janeiro, FEB, 1997, p. 48.

berto de Canallejas. Foi na cidade mineira de Lavras, no ano de 1926, numa das mais belas manifestações desse querido espírito.

Apenas seis dias depois da sua chegada à cidade, Yvonne recebeu um convite para participar de uma reunião de materializações realizada na casa da médium Zulmira Teixeira, conforme aludimos no capítulo quarto deste livro. Novata, sem conhecer os participantes, Yvonne localizou-se em uma cadeira e assistiu ao desenrolar da reunião.

Primeiramente, materializou-se o espírito dr. Augusto Silva, patrono do espiritismo em Lavras, e, em seguida, uma filha desencarnada da médium Zulmira. De repente, Yvonne viu desenhando-se à sua frente, a silhueta inconfundível do espírito Roberto, que dela se afastara havia seis anos, dado o amor obsessivo que lhe devotava. Era, sim, Roberto de Canallejas, revelando-se:

> [...] um homem jovem, deixando ver barba preta, curta, terminada em ponta, no queixo, bigodes cheios de cabelos espessos e volumosos, penteados para o alto, formando a cabeleira clássica dos elegantes do século XIX; mãos finas e aristocráticas, e trajos masculinos antigos, porém um tanto leves, como que vaporosos.[54]

Tomada de profunda emoção, Yvonne ouviu daquele espírito as seguintes palavras, fortes o suficiente para permanecerem gravadas na acústica de sua alma durante o correr dos anos:

> – Não chores, minha querida, eu agora estou bem, renovado para Deus e resignado à Sua lei... Quero pedir-te que me perdoes o muito que te tenho feito sofrer com a minha insistência angustiosa a teu lado. Não penses que foi vingança... Foi apenas saudade de um passado que me foi caríssimo... Devo avisar-te de que obtive concessão para trabalhar contigo, a bem do próximo, como tanto desejei outrora... Sou médico e trabalharei na minha antiga profissão, agora, por teu intermédio... Também exercerei atividades em torno do socorro a suicidas. Eu, que fui um desses, valho-me de ti, que tanto amei, para agora socorrê-los. E tu me ajudarás, já que também o foste.[55]

Depois daquele dia, o espírito Roberto de Canallejas a acompanharia, juntamente com outros espíritos amigos, na abençoada tarefa de auxílio aos trânsfugas da vida.

---

54 PEREIRA, YVONNE A. *Recordações da mediunidade*, 7ª ed., Rio de Janeiro, FEB, 1992, p. 91.

55 Idem, p. 91.

1. ATENDIMENTO A SUICIDAS

Em toda a sua vida de médium, Yvonne do Amaral Pereira dedicou boa parcela do seu tempo ao atendimento a espíritos suicidas. Dizia mesmo que os amava, naturalmente por compreender a extensão das suas dores, dos seus sofrimentos. Aliás, ela fala um pouco desses sofrimentos no artigo "O estranho mundo dos suicidas", que podemos encontrar nas páginas do livro *À luz do Consolador*. Acompanhemos algumas observações suas:

> Durante nosso longo tirocínio mediúnico, temos tratado com numerosos Espíritos de suicidas, e todos eles se revelam e se confessam superlativamente desgraçados no Além-Túmulo, lamentando o momento em que sucumbiram. Certamente que não haverá regra geral para a situação dos suicidas. A situação de um desencarnado, como também de um suicida, dependerá até mesmo do gênero de vida que ele levou na Terra, do seu caráter pessoal, das ações praticadas antes de morrer.[56]

Adiante, ainda falando sobre as dores dos suicidas, dores que são conseqüência natural do ato que praticam e não castigo de Deus, Yvonne esclarece:

> Num suicídio violento, como, por exemplo, os ocasionados sob as rodas de um trem de ferro ou outro qualquer veículo, por uma queda de grande altura, pelo fogo, etc., necessariamente haverá traumatismo perispiritual e mental muito mais intenso e doloroso que nos demais. Mas a terrível situação de todos eles se estenderá por uma rede de complexos desorientadores, implicando novas reencarnações que poderão produzir até mesmo enfermidades insolúveis, como a paralisia e a epilepsia, descontroles do sistema nervoso, retardamento mental, etc. Um tiro no ouvido, por exemplo, segundo informações dos próprios Espíritos de suicidas, em alguns casos poderá arrastar à surdez em encarnação posterior; no coração, arrastará a enfermidades indefiníveis no próprio órgão, conseqüência essa que infelicitará toda uma existência, atormentando-a por indisposições e desequilíbrios insolúveis.[57]

---

56 PEREIRA, YVONNE A. *À luz do Consolador*, 2ª ed., Rio de Janeiro, FEB, 1997, p. 48.

57 Idem, p. 49.

Dos muitos espíritos suicidas que socorreu, em situações tão lamentáveis quanto as descritas no trecho acima, podemos destacar o caso de um operário alemão, residente da cidade de Petrópolis, que cometera suicídio devido a dificuldades financeiras. Chamava-se Wilhelm, tinha sido o construtor da casa em que ela se hospedara e tirara a própria vida, dez anos antes daquele 1935, com um tiro no coração.

Desde a primeira noite na casa, Yvonne não conseguiu conciliar o sono. Ruídos, pancadas e agitação perturbaram sua paz por completo. O suceder dos dias mais agravou o quadro, quando ela, atraída para o sótão, lá identificou a presença do espírito enfermo, que sofria o triste espetáculo da recordação cíclica do suicídio, passando por todas as angústias do momento trágico.

Impregnada por energias tão densas, Yvonne foi, aos poucos, perdendo a saúde, e, se não fosse a intervenção dos espíritos, em especial de Charles e de Camilo Castelo Branco, talvez tivesse enlouquecido e mesmo desencarnado.

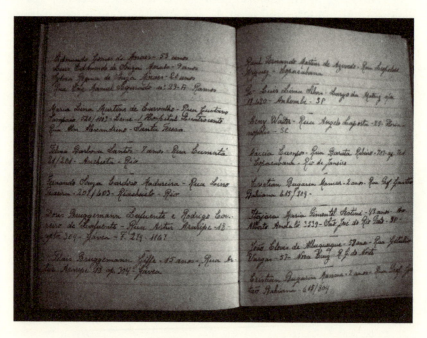

Detalhe de um livro de preces de Yvonne, aberto em duas páginas dedicadas exclusivamente a suicidas.

Diariamente, envolvia aquele suicida em preces amorosas, promovendo o seu esclarecimento, conforme recomendação dos guias, através das páginas consoladoras de O *evangelho segundo o espiritismo*. No entanto, compreendia que seria necessário, talvez, socorrê-lo diretamente, através da psicofonia, e, para isso, necessitava do concurso de um centro espírita.

Buscou, assim, uma casa da cidade, mas encontrou duas dificuldades: a desconfiança dos trabalhadores da mesma, que não a conheciam, e a distância da instituição, que ficava bem afastada do bairro em que residia.

Sem opção, restou a ela assistir o espírito com os recursos de que dispunha. Viveu, juntamente com ele, aquelas dores; compartilhou dos seus infortúnios; envolveu-o nas vibrações harmoniosas da prece; amou-o como a um filho querido ao coração.

Dias antes de se retirar de Petrópolis, o suicida foi retirado da casa e levado para o refazimento em paragens espirituais. Já havia transcorrido um ano em que ela se vira mergulhada em atendimento tão delicado.

Ao escrever as páginas do livro *Recordações da mediunidade*, o espírito Charles, seu amado guia, deu-lhe algumas explicações sobre aquele caso, das quais destacamos os seguintes trechos:

> O caso em apreço é um detalhe dos testemunhos que necessitavas apresentar à lei de reparações de delitos passados, testemunho de fé, tu que faliste pela falta de fé em ti mesma e no poder de Deus. Assim ligada a ti pelas correntes afins humanizadas, a entidade suicida adquiriu condições para se reanimar e perceber o que se tornava necessário à melhora do próprio estado, revigorando-se vibratoriamente para se desvencilhar do torpor em que se deixava envolver.[58]

E, um pouco mais à frente:

> Cumprias dever sagrado, reabilitavas tua consciência, servias ao Divino Mestre servindo à Sua ovelha transviada e, como o paciente que se recuperava sob os teus cuidados, também tu te recuperavas à

---

58 PEREIRA, YVONNE A. *Recordações da mediunidade*, 7ª ed., Rio de Janeiro, FEB, 1992, p. 111.

sombra da lei da fraternidade, que nos aconselha proceder com os outros como desejaríamos que os outros procedessem conosco.[59]

* * *

Outro caso que comove pela singularidade é o de Carmelita, uma jovem de vinte anos que viveu as agruras do amor não correspondido.

Vivendo numa cidade do interior de Minas em que a própria Yvonne residiu, Carmelita "era gentil e mimosa, com aqueles cabelos louros bem tratados e os olhos luminosos de um puro azul celeste".[60] Desejando casar-se, encontrou um pretendente que a cobriu de encantos e quis levá-la ao altar. Pouco antes do casamento, porém, o noivo fugiu da cidade, sem dar notícias, deixando a pobre moça inconsolável, sofrendo a zombaria dos irmãos, que não perdoavam o seu fracasso. Apesar de tudo, Carmelita reabilitou-se, encontrando amparo em uma instituição espírita da cidade, em que o Evangelho vinha balsamizar as feridas do seu coração.

Outro amor, contudo, surgiu na sua vida, e ela entregou-se de corpo e alma a ele, chegando, mesmo, a distanciar-se das atividades espirituais. No entanto, de casamento marcado, nova decepção se desenhou no horizonte do seu destino: o pai do noivo o ameaçou, prometendo deserdá-lo caso ele casasse com ela, que era moça pobre, de condição social inferior.

Carmelita não suportou esse segundo golpe. Atormentada pelos irmãos, curtindo o amargo sabor da rejeição e esquecida das lições de amor do Evangelho, ela sorveu um terrível veneno, uma mistura de soda cáustica com iodo. Acamada por dois meses, durante os quais expelia, em crises de vômito, até mesmo fragmentos do estômago e da garganta, Carmelita encontrou a face fria da morte. Tristemente, o suicídio se consumara.

Acionada pelo espírito padre Vítor, Yvonne, seis meses depois do ocorrido, foi prestar socorro a Carmelita, que se encontrava presa aos despojos carnais. Falou-lhe com o coração sobre a necessidade de refazimento, mas a moça não conseguiu desembaraçar-se.

---

59   Idem, p. 111.
60   PEREIRA, YVONNE A. *Cânticos do coração – II*, Rio de Janeiro, CELD, 1994, p. 45.

Dez anos depois, comunicando-se no grupo mediúnico, Carmelita se mostrava arrependida, prometendo que de tudo faria pela própria reabilitação. Admitia a loucura que a dominara, dizendo que o amor que tanto buscava estava no Além, a esperá-la, e que o suicídio apenas aumentara, em um século, a distância entre os dois.

Depois daquele dia, Yvonne nunca mais deixaria de orar por ela, rogando a Deus atendesse às suas necessidades evolutivas.

Carmelita se suicidara em 1938. Trinta e oito anos depois, ou seja, nos primeiros dias de maio de 1976, Yvonne foi surpreendida pela sua presença espiritual. Vinha despedir-se da amiga de outrora e de sempre, afirmando que reencarnaria, em breve, para expiar suas faltas.

E, em tom de despedida, Carmelita afirmava, melancólica e decidida:

> – Adeus, minha boa amiga! Obrigada pelas suas preces tão perseverantes. Somente agora encontro-me em condições para resistir às provações que me esperam. Sofrerei intensamente. Mas é preciso que seja assim, a meu próprio benefício. Não me esqueça em suas orações. Outro corpo foi-me concedido pela bondade de Deus...[61]

* * *

Por último, vale a pena transcrever informações prestadas pela própria Yvonne, numa entrevista publicada no extinto periódico *Obreiros do Bem*, de maio de 1975. No seu modo muito peculiar, ela narra um atendimento curioso que realizara, fora do corpo físico e com a ajuda do dr. Bezerra de Menezes, com nuances que confessa não ter compreendido muito bem. Acompanhemos:

> Eu havia lido no jornal o suicídio duma moça de dezessete anos, ocorrido na estação Deodoro. A moça chamava-se Jurema, nome que ainda mantenho em meu caderno de preces, após mais ou menos 20 anos. Essa moça, arrimo de família, por dificuldades da vida, atirou-se na frente de um comboio, na referida estação. Condoí-me profundamente, tomei-lhe o nome e principiei a orar. Uns dois meses depois, fui convidada pelo Dr. Bezerra (nada os Guias Espirituais

---

61 PEREIRA, YVONNE A. *Cânticos do coração – II*, Rio de Janeiro, CELD, 1994, p. 50.

nos impõem...) e, em corpo astral, vi-me na estação de Deodoro, como se esperasse o trem entrar. Sobre a linha pude ver um vulto branco, uma espécie de forma humana, que estava como se fora uma massa sem ossos, algo muito esquisito, que não posso bem precisar. A moça, que reconheci ser Jurema, estava mais afastada, já desencarnada, é claro, segura por dois Espíritos, e em gritos, desesperada... Quando o trem parasse, fui instruída a atirar-me na frente dele para retirar aquela massa, aquele volume, e atirar sobre a moça. Foi o que fiz: quando o trem chegou, lancei-me à sua frente, tomei daquele vulto e atirei-o sobre ela. Recordo-me ainda não se tratar de composição elétrica, porque senti perfeitamente a quentura da máquina em meu corpo, e acordei banhada em suor. Antes, porém, quando lancei sobre Jurema aquela massa, ela emitiu um grito, desesperada, e desmaiou. Nada mais eu pude ver, senão que os Espíritos, orientados pelo Dr. Bezerra, recolheram-na nos braços e afastaram-se. O que foi que peguei, não o sei; até hoje não posso explicar esse fenômeno. Sei apenas que aconteceu um caso desses com Chico Xavier, que teve de mergulhar numa lagoa, tirar esse tal volume, que estava ao lado de uma ossada, trazê-lo à superfície e lançá-lo sobre o Espírito que estava em ânsias. Calculo que isso seja energia vital, é só o que posso dizer.

2. A REENCARNAÇÃO DE UM SUICIDA ILUSTRE

Yvonne Pereira via o espírito Camilo Castelo Branco desde os seus doze anos, embora não soubesse de quem se tratava. Era um espírito que dela se aproximava na companhia de Roberto e Charles, que foram seus orientadores no Hospital Maria de Nazaré, instituição espiritual dedicada ao atendimento de suicidas que acolheu o conhecido escritor na vida d'além-túmulo. Charles está escondido, nas atividades daquele hospital, sob o nome Ramiro de Guzman.

No livro *Memórias de um suicida*, podemos acompanhar toda a trajetória desse espírito após o suicídio, cometido no dia 1º de junho de 1890. As agruras do vale sinistro, o labor da Legião dos Servos de Maria, o processo de reajustes consciencias de um suicida, o trabalho de socorro em grupos mediúnicos, os estudos e reflexões a que se entrega o espírito suicida no intuito de reeducar-se para os verdadeiros valores da vida – todas essas lições estão registradas nas páginas desse importante tratado.

Através das eloqüentes memórias desse espírito que, quando encarnado, empolgou a sociedade de sua época com seu estilo inconfundível, estilo que, até os dias atuais, ainda prende e encanta o leitor atento, vamos anotar a sua revelação sobre uma próxima reencarnação. Sim, Camilo tinha necessidade de reencarnar para, mergulhado no esquecimento, tentar reparar o imenso mal causado a si mesmo com a fuga da realidade.

Aliás, um dos mais significativos 'remédios evolutivos', não apenas para espíritos suicidas, como para todos os que necessitam de reajustes, será a reencarnação. Reencarnar é catalisar a evolução do espírito, permitindo-lhe, no contato com o mundo físico, acelerar o seu processo de amadurecimento espiritual.

Foi a iminência dessa reencarnação que impediu o escritor desencarnado, inclusive, de levar à frente o trabalho de organização e revisão do *Memórias de um suicida* para sua posterior publicação. A revisão, a propósito, somente foi realizada um ano após a publicação da primeira edição da obra, ou seja, em 1957, pelo espírito Léon Denis.

Com base nas observações feitas por Yvonne Pereira em uma entrevista que permanece inédita[62] e de informações do próprio livro *Memórias de um suicida*, podemos levantar dados aproximados da reencarnação do escritor português.

Depois de um longo tirocínio de aprendizado espiritual, realizado entre o hospital e a universidade espirituais a que se vinculara durante cerca de quarenta anos, Camilo sentiu, em seu coração, a necessidade de reencarnar. E como seria essa nova encarnação?

Segundo suas próprias informações, nessa nova existência, ele deveria ser *médium curador*, em face dos serviços prestados no Hospital Maria de Nazaré na tarefa junto às enfermarias.[63]

Além disso, conforme as palavras de Yvonne, Camilo veio despedir-se dela, acusando a reencarnação, em fevereiro de 1948; e, segundo ela mesma afirma, o escritor português regressaria à sua Portugal de outrora. Sabe-se, ainda, que, aos quarenta

---

62 CAMILO, PEDRO (Organizador). *Entrevistas de Yvonne Pereira*. 2006. (Ainda no prelo, a obra será publicada pela Lachâtre).

63 PEREIRA, YVONNE A. *Memórias de um suicida*, 2ª ed., Rio de Janeiro, FEB, 1958, p. 546.

anos de idade, ficaria irremediavelmente cego, revivendo as duras provações que o arrastaram para o suicídio e que, depois disso, mais vinte anos amargaria na vida física,[64] vindo encontrar a desencarnação aos sessenta anos. Estando certa a estimativa de datas, isso seria no ano de 2008.

Certo é, realmente, que a reencarnação do ilustre suicida se efetivou, para seu benefício e dos que o amam. Embora levasse o seu mundo de incertezas quanto aos sucessos da nova empreitada, Camilo Castelo Branco guardava a esperança de dias melhores:

> (...) meus instrutores advertiram-me de que levarei sólidos elementos de vitória adquiridos no longo estágio reeducativo, e que por isso mesmo será bem pouco provável que a minha vontade se corrompa ao ponto de me arrastar a maiores e mais graves responsabilidades.[65]

Quem sabe se ele mesmo, agora reencarnado, não pôde compulsar as páginas do seu portentoso tratado, revivendo na intimidade do ser aquele aprendizado sublime? Quem sabe se, agora cego, não leva consigo a paz de consciência, verdadeira consolação para aqueles que choram?

É certo que, se ainda encarnado, seus olhos não poderão tocar as letras que essas páginas reúnem. Contudo, talvez escute, dos lábios de alguém, essas breves anotações a seu respeito. Se isso acontecer, caro amigo, gostaria de trazer para aqui aquelas frases que, ao final do *Memórias de um suicida*, murmuravas de si para consigo mesmo, antevendo a redenção que o aguardava:

> – Coragem, peregrino do pecado! Volta ao ponto de partida e reconstrói o teu destino e virtualiza o teu caráter aos embates remissores da Dor Educadora! Sofre e chora resignado, porque tuas lágrimas serão o manancial bendito onde se irá dessedentar tua consciência sequiosa de paz! Deixa que teus pés sangrem entre os cardos e as arestas dos infortúnios das reparações terrenas; que tuas horas se envolvam no negro manto das desilusões, calcadas de angústias e solidão! Mas tem paciência e sê humilde, lembrando-te de que tudo isso é passageiro, tende a se modificar com o teu reajustamento nas sagradas leis que infringistes... e aprende, de uma vez para sempre, que – és imor-

---

64 Idem, pp. 565-566.
65 Idem, p. 566.

tal e que não será pelos desvios temerários do suicídio que a criatura humana encontrará o porto da verdadeira felicidade...[66]

3. SALVANDO VIDAS

Yvonne do Amaral Pereira desencarnou em 9 de março de 1984, vítima de complicações cardíacas. Contudo, somente o seu corpo foi encontrar a solidão do sepulcro, porque ela, espírito livre, mais ganhou em lucidez e mobilidade para empregar suas forças em favor das almas sofridas.

Profundamente vinculada à valorização da vida e à prevenção do suicídio, temos notícias que revelam sua intensa atividade, no além, em torno desse ideal. Aqui, trazemos três fatos que merecem, de nós, uma atenção especial.

* * *

Era madrugada na praça Maciel Pinheiro, no centro do Recife.[67]

Ali, sentado num banco tosco, um pai de família contemplava sua esposa e casal de filhos, dormindo ao relento, cobertos com pedaços de panos e jornais velhos.

Há mais de dois meses lançado àquelas condições deploráveis, lembrava-se de que viviam em paz, no interior do Maranhão, embora com dificuldades. Tinha sua pequena casa e sua banca de verduras, na feira, que vendera para aventurar uma promessa de emprego na capital pernambucana.

Contudo, apesar das promessas e das esperanças, a realidade não correspondeu às suas expectativas. O emprego não veio, as suas poucas economias foram gastas com um hotel modesto, os recursos lhe faltaram e apenas uma solução se desenhou para ele e sua família: pedir esmolas.

Não que quisesse levar uma vida de facilidades, não mesmo. Era pessoa honesta, trabalhador sincero, apenas desejando um emprego e o sustento digno. Mas as oportunidades não lhe acena-

---

66 Idem, pp. 567-568.
67 FREITAS, AUGUSTO M. *Yvonne do Amaral Pereira – o vôo de uma alma*, Rio de Janeiro, CELD, 1999, pp. 174-184.

REPÚBLICA FEDERATIVA DO BRASIL
REGISTRO CIVIL

14.ª CIRCUNSCRIÇÃO — 7.ª ZONA — Freguesia de Madureira.—
Comarca da Capital.—

CERTIDÃO DE ÓBITO

CERTIFICA que à fls. 233V do livro n.º C-38 sob o n.º 22.796.—
de registro de óbitos consta o de "YVONNE DO AMARAL PEREIRA".—

falecido(a) 09 de março de mil novecentos e oitenta e quatro.—
à 21 hora 50 minutos Hospital da Lagoa-
Rua Jardim Botânico.—

do sexo feminino.— , de cor .—.— , filho(a) Manoel José Pereira e
de Elisabeth do Amaral Pereira.—
idade 77 anos.— profissão Aposentada.—
Estado Civil solteira.—
residência Rua Vilela Tavares, 91 - nesta cidade.—
Natural Rio de Janeiro.—
Causa mortis Fibrilação ventricular, bloqueio A.V. total, cardiopatia aterosclerótica e hipertensão arterial.—

Médico atestante Dr. Epitácio Naracajá Baptista.—
Local do sepultamento: Cemitério Inhaúma.—
Foi declarante Leonidas José de Barros Neto.—
Termo lavrado em 10.03.84

2ª VIA

7535-651-1130

Certidão de óbito de Yvonne Pereira.

vam, generosas; antes, o desprezo e a indiferença vinham abraçá-lo, transmitindo grande desgosto.

Diante de tanta humilhação, de tanto sofrimento, às duas da madrugada daquele dia 08 de julho de 1989, ruminava o desejo de retirar a própria vida, quando viu sentar-se, ao seu lado, uma senhora de meia-idade. Amorosa, ela passou a mão em sua cabeça, perguntando por que ele alimentava desejos tão sinistros, advertindo-o dos perigos de pensamentos tão infelizes. "De repente, olhando para ela, estava com sua face muito feliz – aquela felicidade me fez muito bem dentro do meu coração", registraria, dentro da sua simplicidade, aquele pobre homem, em carta que ficaria para a posteridade.

Disse ela, então, que se chamava Yvonne do Amaral Pereira e que seus sofrimentos iriam acabar. Forneceu-lhe o nome da sra. Ângela Borba Sales Rangel, então 2ª tesoureira do recém-fundado Centro Espírita Yvonne Pereira, do qual se falará mais adiante, juntamente com o endereço da aludida instituição, na cidade natal de Yvonne, Rio das Flores, Estado do Rio de Janeiro. Recomendou-lhe escrevesse para lá, pois a ajuda não tardaria.

E assim se fez.

Chegada a carta ao seu destino, a sra. Ângela, que apenas emprestara o seu nome à composição da diretoria do centro, sem qualquer familiaridade com fenômenos mediúnicos, foi tomada de grande emoção frente ao chamamento recebido do Alto.

Aquele homem pôde, enfim, voltar para a sua cidade de origem, livre do suicídio, com a sua família. E a sra. Ângela Borba, depois daquele dia, se tornaria evangelizadora e expositora espírita.

* * *

Aquele final de semana parecia igual a todos os outros.[68]

Atendendo às tarefas de rotina, Augusto Marques de Freitas, à frente da Livraria Espírita Yvonne Pereira, na cidade de Valença, também no Estado do Rio, organizava seus livros e apetrechos.

---

68 FREITAS, AUGUSTO MARQUES DE. *Da curiosidade à renovação social*, Rio de Janeiro, CELD, 2003, pp. 207-212.

Às 9h30min daquele sábado, 18 de julho de 1998, um senhor aparentando cinqüenta anos parou à porta da livraria, ladeado por sua filha. Ambos olhavam os livros, até deterem-se num volume que ostentava um título sugestivo: *Enxugando lágrimas*, psicografia de Francisco Cândido Xavier.

Vendo o volume na prateleira, a menina, então, apontou-o ao pai, que o reconheceu como sendo a obra que uma senhora lhe havia indicado em sonho. A ele que, lidando com algumas dificuldades, encontrava-se abatido, pensando mesmo em suicídio. A senhora do sonho o havia advertido contrariamente à prática do ato, indicando-lhe a leitura do livro que tinha, agora, diante dos olhos.

Antes que Augusto M. Freitas, já com mil idéias a bailar em sua mente, tentasse esboçar qualquer comentário, o homem viu um quadro na parede e o apontou para a filha, reconhecendo, no retrato, a senhora do seu sonho.

Era a foto de Yvonne do Amaral Pereira.

* * *

Na noite do dia 24 de dezembro de 2002, estive realizando uma palestra doutrinária em determinado centro espírita de Salvador, Bahia. Nessa casa, conheço uma médium, a quem chamarei de Helena, de excelentes qualidades e atestada idoneidade, que, no final da exposição doutrinária, chamou-me a um canto e relatou-me o seguinte:

Naquela noite, Helena tinha interesse em ir ao centro, mas um congestionamento no trânsito ia minando sua vontade, quando o seu guia espiritual surgiu, dizendo ser imprescindível sua presença na casa espírita. Chegando lá após o início da palestra e ignorando minha presença, ela encontrou uma senhora, de nome Marilu, que estava à sua procura, com um ar tenebroso, olhos vagos, necessitada de falar. Entraram na sala de atendimento fraterno para a conversa.

Enquanto conversavam, a médium passou a ver uma massa negro-cinzenta desprendendo-se da cabeça e do peito da mulher, como se a estivesse liberando de uma asfixia. De repente, duas mãos surgiram, uma sendo colocada no peito de Marilu e a outra no seu peito, como se estivessem unindo os dois corações. A partir desse momento, a pobre mulher começou a chorar convulsivamente, revelando que saiu de casa com o intuito de se jogar debaixo do primeiro carro que encontrasse pela frente e que, sem saber como, chegara até o centro espírita.

Quanto mais Marilu chorava, mais Helena sentia um fluxo intenso de energias desprendendo-se do seu peito de encontro ao da mulher; e esta, depois de quarenta minutos de atendimento, sentiu-se completamente renovada, como se nada tivesse acontecido.

No instante em que a mulher sorriu, revelando que já estava melhor, Helena viu as duas mãos irem, aos poucos, tomando forma... e foi a figura de Yvonne do Amaral Pereira que se desenhou à sua vidência, num lindo e inesquecível fenômeno mediúnico! O espírito sorriu, depositou um beijo em um e outro rosto e desapareceu...

Tempos depois, eu e Helena tornamos a nos encontrar, e esta me disse que Marilu já estava bem mais renovada, buscando dar prosseguimento à sua vida, marcada por duras provações.

Era, mais uma vez, a bondade divina, manifestada na intervenção espiritual de Yvonne Pereira, que vinha resgatar mais uma alma dos estreitos labirintos do suicídio...

VII – Yvonne, a Obsessão e a Desobsessão

> Um dos mais belos estudos que o Espiritismo faculta aos seus adeptos é, certamente, aquele a que os casos de obsessão nos arrastam. Temos para nós que esse difícil aprendizado, essa importante ciência de averiguar obsessões, obsessores e obsidiados deveria constituir especialidade entre os praticantes do Espiritismo [...]
>
> Yvonne[69]

As principais atividades mediúnicas de Yvonne do Amaral Pereira não se limitaram à recepção das obras mediúnicas. Seu concurso era solicitado, freqüentemente, na resolução de processos obsessivos. Nesse campo, o da obsessão, figura como uma verdadeira especialista, sendo fecundo o legado de ensinamentos que as suas experiências fizeram registrar.

A obsessão é, talvez, o maior flagelo da humanidade. Encontrando sua gênese na vida íntima do indivíduo, concretizando-se num estreitamento de "duas forças simpáticas que se chocam e se conjugam numa permuta de afinidades"[70], conforme a palavra

---

69 PEREIRA, YVONNE A. *Recordações da mediunidade*, 7ª ed., Rio de Janeiro, FEB, 1992, p. 175.

70 PEREIRA, YVONNE A. *Dramas da obsessão*. 8ª ed., Rio de Janeiro, FEB, 1994, p. 25.

de Bezerra de Menezes, suas conseqüências, não raro, extravasam do âmbito meramente moral, podendo comprometer a vida relacional de sua vítima, a saúde de seu corpo físico e a sua existência como um todo.

Médium de várias potencialidades, Yvonne afirma que fora, certa feita, advertida por Charles, seu guia espiritual, de que a sutileza de suas faculdades prestava-se facilmente à ação obsessória. Carregando tais particularidades, se não tivesse nascido em berço espírita, desde criança educando-se à luz dos ensinamentos cristãos, talvez as tarefas dessa encarnação malograssem frente ao assédio espiritual. Por isso, seus benfeitores prepararam-lhe cirurgias perispirituais a fim de favorecer-lhe resistência às energias inferiores do invisível. Tratando do tipo de cirurgia perispiritual vivenciada, ela diz:

> Tal operação perispiritual, inteiramente psíquica, era usada outrora entre iniciados hindus e egípcios, antes de se confiarem à prática dos mistérios, ou seja, o intercâmbio com os chamados mortos... e foi levada a efeito tendo em vista que pertencemos, desde séculos, àquelas falanges orientais...[71]

Devido às cirurgias e aos seus méritos pessoais, a assistida de Bezerra de Menezes nunca se viu perseguida sistematicamente por obsessores na atual existência. Nada obstante, tinha por eles um carinho muito grande, cultivando um hábito muito pouco seguido por nós, militantes da seara desobsessiva, embora recomendado pela consciência evangélica – o hábito de orar pelos obsessores. Fazia-o com uma disciplina exemplar, todas as noites, lendo páginas de O *evangelho segundo o espiritismo*, especialmente os capítulos "Bem-aventurados os aflitos" e "O Cristo Consolador", sendo acompanhada por eles, que ouviam a leitura e os seus comentários mentais.

Yvonne compreendia muito bem que essas criaturas são prisioneiras de si mesmas, do ódio, da incapacidade de perdoar e que, ainda quando demonstram violência e ousadia, nada mais fazem do que clamar por socorro. Nem sempre são, propriamente,

---

71 PEREIRA, YVONNE A. *Devassando o invisível*. 5ª ed., Rio de Janeiro, FEB, 1984, p. 182.

más; apenas não encontram um estímulo positivo que as desvie do mal. Ela oferecia-lhes esse estímulo, mostrando-se prestativa e atenciosa com todos, pronta para ouvir suas queixas, inteirar-se de suas necessidades e ajudá-los sempre que possível.

Porque muito os amava, também ela era amada por eles. Não eram poucos os que se lhe acercavam, pressurosos e fiéis, quando vivia alguma provação, tentando consolá-la de algum modo, embora não tivessem lucidez nem elevação para tanto. Mas as suas presenças eram consoladoras, muito mais para eles do que para ela, que lhes estendia a força do próprio exemplo na arte de vencer as dificuldades da vida.

O seu amor pelos obsessores pode ser constatado não somente pelos escritos dedicados ao tratamento da obsessão, mas, principalmente, pelo conteúdo desses relatos. Vazados numa clareza incomum, denotam o amadurecimento de quem, durante mais de cinqüenta anos exercitando a mediunidade, conviveu e aprendeu com esse grande enigma chamado obsessão.

1. CURIOSOS CASOS DE OBSESSÃO

Começarei abordando um interessante artigo de Yvonne, intitulado "Um Estranho Caso de Obsessão".[72]

A crônica é estimulada pela carta do jovem J. S. P. que, encontrando-se dividido entre o amor de duas moças, desejava saber se seria lícito romper com a noiva em favor da outra. Depois de deixar claro que não lhe competia opinar em quesito tão melindroso, Yvonne passa a narrar um processo obsessivo que presenciara na década de 1940:

O jovem comerciante A. G. tornara-se noivo de excelente moça, chamada Elisa. Merecedora de todo afeto, Elisa alimentava os mais belos sonhos para o matrimônio, com data já marcada, cuja concretização era questão de tempo.

Nesse ínterim, A. G. fez viagem a uma cidade próxima daquela localidade, lá conhecendo, num baile festivo, a jovem Tere-

---

72 PEREIRA, YVONNE A. *À luz do Consolador*, 2ª ed., Rio de Janeiro, FEB, 1997, pp. 150-157.

zinha, que seus olhos, desligados do coração, acreditaram mais atraente e sedutora do que Elisa. Envolvido num tal triângulo amoroso, A. G. deixou-se arrastar pelo encanto de Terezinha, intensificando as visitas à sua cidade, adiando o casamento com Elisa e se dividindo, sem saber que rumo tomar.

Certo dia, ao retornar à sua cidade de origem, depois de mais uma viagem, A. G. apresentou-se casado com Terezinha, notícia que repercutiria no coração de Elisa com o impacto que um explosivo não causaria. Um mês depois daquele dia, Elisa, num processo auto-destrutivo ou auto-obsessivo, sem forças para suportar a vergonha, morria de desgosto. Auto-destrutivo ou auto-obsessivo, porque o desgosto passado fê-la somatizar sua mágoa, levando-a à enfermagem e à morte.

Sua mãe, chamada Madalena, ficou inconsolável e fez a seguinte e trágica jura sobre o corpo da pobre moça:

> Minha filha, vai em paz para junto de Deus, porque eras um anjo que mereceu o Céu! E fica descansada, porque o miserável que causou a tua morte há de me pagar! Ele não será feliz, porque eu não o deixarei ser feliz![73]

Três meses depois, Madalena entregaria seu corpo ao túmulo; e, cerca de quatro meses após o seu decesso, não seria difícil, a quem chegasse àquela cidade, surpreender uma jovem, muito bela, largada a beber insofreavelmente, qual se uma força irresistível a consumisse e lançasse ao vício arrasador, num assédio que duraria vários anos. Essa jovem era Terezinha, que, embora nunca tivesse inclinação para o álcool, vivia a cair de embriaguez, tornando a sua vida, a de seus filhos e a de A. G. uma grande tormenta.

Depois de tentar todos os métodos oferecidos pela medicina convencional para curar a esposa, A. G. resolveu apelar para companheiros espíritas, solicitando a colaboração do sr. Z., médium que trabalhava sob a assistência de Bittencourt Sampaio. Sob a orientação deste, Z., incorporado, fez a transferência do obsessor de Terezinha para uma médium experimentada, procedendo à devida doutrinação. O espírito era Madalena, que, atingindo Terezinha em suas fraquezas, tencionava infelicitar A. G.,

---

73   Idem, pp. 153-154.

94

o que vinha conseguindo. Após dialogar com Z., Madalena aquiesceu em perdoar e retirou-se da vida do triste casal.

Você, que lê estas páginas, pode estar se interrogando sobre como Z. teria 'transferido' o obsessor da atormentada para uma outra médium. Ora, Yvonne diz que o mentor de Z., 'incorporado', colocou uma mão sobre a testa de Terezinha e a outra sobre a testa da médium, verificando-se, então, o fenômeno. Essa técnica ainda é muito empregada por alguns confrades, mas eu, particularmente (e vai aqui apenas uma opinião), embora a considere eficaz, vejo nela o inconveniente de, assim agindo, favorecer um contato muito aberto do obsessor com o obsediado, podendo levar ao agravamento da obsessão, caso haja troca de animosidades. Em todo caso, a prática nas reuniões mediúnicas tem demonstrado que ao médium *positivo* e *flexível*, bem experimentado, não será difícil, concentrando seu pensamento e secundado pelos benfeitores espirituais, atrair esta ou aquela entidade menos feliz, favorecendo-lhe a oportunidade do esclarecimento.

Como as exceções confirmam a regra, no caso de Terezinha aconteceu o melhor. Uma semana depois, ela já estava completamente curada do alcoolismo, voltando a viver a sua vida, normalmente.

Reportando-se ao jovem que lhe havia endereçado a carta, suscitando a narrativa, Yvonne conclui suas observações:

> Caro Sr. J. S. P.: No capítulo 18 do evangelista Mateus, v. 10, está esta advertência de Jesus, o Mestre da Humanidade:
> "– Vede, não desprezeis a qualquer destes pequeninos; porque eu vos declaro que os seus anjos, nos céus, incessantemente vêem a face de meu Pai, que está nos céus", e essa advertência é muito significativa para todos nós, porque, muitas vezes, poderemos desprezar ou ferir verdadeiros anjos do Céu exilados na Terra...[74]

* * *

Outro fato interessante merece menção nestas páginas, por apresentar nuances curiosas.

---

74   Idem, p. 157.

Os espíritos amigos proibiram Yvonne, certa feita, de visitar manicômios, no corpo físico ou fora dele. Isso, talvez, pelos motivos já aqui aventados – suas faculdades eram sutis por demais, podendo facilmente sujeitar-se a processos obsessivos.

Mesmo advertida do inconveniente, a pupila de Charles aventurou-se, certa vez, a visitar, em corpo astral e sem proteção espiritual, uma mulher vitimada por pertinaz obsessão, numa casa de saúde de Belo Horizonte, Minas Gerais. Nessa ocasião, ela pôde conhecer o mais terrível obsessor de sua vida. Era uma freira, vestida com um hábito religioso negro. Ao avistá-la, a obsessora enfureceu-se e iniciou terrível perseguição, só terminada quando a médium retornou ao corpo físico.

Aqui fica importante lição: o médium deve observar cautelosamente as instruções de seus guias espirituais, jamais aventurando difíceis incursões, quer no campo físico quer em desdobramento, sem a sua assistência.

Outro ponto a ser pensado: para Yvonne, entre homens e mulheres, estas se demonstram mais endurecidas, odiosas e temíveis quando na condição de obsessoras. A que se deve tal particularidade? Yvonne levanta as seguintes hipóteses:

> Será porque seja a mulher mais irremediavelmente atingida, quando ofendida, do que o é o homem? Existirá, na mente feminina, imaginação mais fecunda do que na mente masculina, e essa maior intensidade imaginativa a tornará mais feroz nas atrocidades das vinganças contra os desafetos?
>
> Eis um campo para interessantes investigações psicológicas espíritas...[75]

Por não ver outras possibilidades senão as por ela levantadas, prefiro silenciar e confessar que, também, desconheço os motivos de tal realidade.

Voltemos ao caso. Impressionada com a freira obsessora, Yvonne afirmou à família da obsediada que, em sua opinião, a infeliz não ficaria curada daquele assédio. Ledo engano! A contragosto, a entidade foi retirada e sua vítima se recuperou. Por que isso aconteceu? É Yvonne quem responde:

---

75 PEREIRA, YVONNE A. *Devassando o invisível*. 5ª ed., Rio de Janeiro, FEB, 1984, p. 184.

É que, sobrepondo-se às torpezas engendradas pela ignorância das criaturas que se debatem nas espinhosas vias dos aprendizados evolutivos, existe a benevolência suprema do Criador, capaz de operar tais milagres, a benefício daqueles que derivaram das suas próprias essências eternas.[76]

Fica a seguinte lição: não devemos nem prometer a cura, nem dizê-la completamente impossível, em quaisquer que sejam as circunstâncias.

***

Numa noite de março de 1958, Yvonne foi retirada do corpo por Charles. Este a levaria, na condição de aprendiz, a ter contado com instigante falange de espíritos *mistificadores-obsessores*. Quem seriam essas entidades? Espíritos perversos, fanfarrões, que se apresentam modelando em seus perispíritos absurdas carantonhas, deformações e aberrações surpreendentes, que não têm, geralmente, nada contra suas vítimas, mas que as atormentam pelo simples prazer de importunar.

A influência desses espíritos era exercida sobre uma sua sobrinha, menina de dez anos, cuja educação até então se mostrava difícil, devido às suas peraltices, que ultrapassavam o normalmente esperado em crianças de sua idade.

Deslocada do corpo, Yvonne pôde constatar que eram espíritos com quem a menina afinou-se antes de reencarnar e que a seguiam após o mergulho no corpo. Dentre as muitas entidades, uma, em particular, lhe chamou a atenção pelas peculiaridades das formas exibidas. Tinha um metro e meio de altura, calçados grotescos e grandes, paletó enorme para sua estatura, com imensos bigodes medindo três a quatro metros, arrastados pelo chão. De maneira provocante, soprava os bigodes, que ondulavam pelo ar, a exibir-se qual se estivesse num espetáculo circense. Não conseguindo conter-se, Yvonne começou a rir, no que foi prontamente repreendida por Charles nos seguintes termos:

> Rir-se é aplaudir, louvar seus atos e, portanto, afinar-se com eles... Haverá troca de vibrações... e de qualquer forma se estabelecerá o malefício... Será necessário ao médium, como ao Espírito,

---

76 Idem, p. 186.

diante deles, o domínio de toda e qualquer impressão ou emoção, um equilíbrio isolante, que traduza superioridade moral...[77]

A observação é extensiva para todas as demais atividades mediúnicas em que se apresentem espíritos fanfarrões com o objetivo de desarmonizar o médium e o grupo.

Após oferecer comentários, ditados por Charles, sobre a falange de mistificadores-obsessores em apreço, Yvonne diz que a criança obsediada corrigiu-se das anormalidades, tratamento ocorrido, basicamente, nas reuniões semanais do estudo do evangelho no lar.

***

Yvonne deparou-se, também, com obsessões incuráveis, ao menos naquele momento. Eram processos bastante penosos, em que a vítima, de tal forma comprometida com as leis divinas, sujeitava-se à ação violenta dos obsessores, outrora por elas feridos, não havendo muito a fazer senão orar por uns e outros.

Um desses casos foi o ocorrido com o Padre J., jovem de trinta e duas primaveras.[78] Professor denodado, conhecedor do latim e do português, sua palavra arrebatava os fiéis do púlpito da igreja onde pregava. Certo dia, durante uma missa, ele mostrou-se abatido, deixou o altar e foi para casa. Tomando de uma enxada, começou a cavar a terra do quintal com sofreguidão. Sua mãe, estranhando a atitude do filho, o interrogou dos motivos do ato, ao que ele respondeu, laconicamente, estar procurando um tesouro enterrado ali. Passados alguns dias, o jovem sacerdote foi internado num sanatório.

Muitas casas espíritas, sabendo do ocorrido, empenharam-se em ajudar o padre. Em suas vibrações, todas identificaram a presença de sinistra entidade obsessora que se apresentava facilmente nas reuniões, sem as duas mãos, mantendo-se sempre taciturna e indiferente. Esses são os piores obsessores, diz Yvonne. Sem revelar desespero ou afetação, são seguros dos próprios objetivos, falam pouco, são frios e calculistas em suas ações e quase sempre conseguem o que querem.

Certo dia, rompendo o silêncio, a entidade confessou os motivos de sua perseguição: em outra existência, o padre J. fora

---

77 Idem, pp.565-566.
78 PEREIRA, YVONNE A. *Recordações da mediunidade*. 7ª ed., Rio de Janeiro, FEB, 1992, pp. 204-209.

fazendeiro ambicioso, egoísta e sovina. Obrigava seus comandados a trabalhar arduamente a fim de ajuntar riquezas. Ele, o espírito, fora homem de confiança da família, mas foi duramente castigado, acusado de roubar vultosa soma do cofre da fazenda. Por isso, o padre J. teria mandado cortar suas mãos com um machado. Embora nem sempre sejam verdadeiras as histórias contadas por tais entidades, nunca será demais analisar o que dizem e averiguar o fundo de verdade que tenham.

Instado a conceder o perdão, o obsessor recusou-se resolutamente, prosseguindo na triste injunção obsessiva.

2. O QUE PENSAVA DA DESOBSESSÃO

Preocupava-se sobremodo, Yvonne do Amaral Pereira, com o pouco caso que já à sua época se fazia das reuniões de desobsessão. Acompanhemos seu raciocínio:

> Muitos militantes do Espiritismo entendem que o trabalho de desobsessão, entre nós, está superado e deve ser abolido das cogitações dos Centros Espíritas. Não concordamos com tal modo de pensar, porquanto, se o Alto nos concedeu a possibilidade de tentar algo a benefício dos irmãos que a sofrem; se nos foi recomendado, desde os tempos de Jesus e do advento da Doutrina Espírita, curássemos os enfermos, expulsássemos os demônios e ressuscitássemos os mortos (e obsessores não serão, porventura, *mortos*?); se amamos nossa Doutrina e desejamos glorificá-la; e se, finalmente, amamos o próximo e desejamos servir ao Bem e progredir, cumpre-nos a habilitação para os serviços supranormais que nos forem apresentados durante o nosso carreiro de espíritas.[79] (Grifo do original)

Dando continuidade a suas observações, Yvonne lamenta o fato de poucos médiuns e dirigentes se dedicarem ao mister, embora a desobsessão seja dos mais belos trabalhos possibilitados pela doutrina espírita. As razões vão desde o desinteresse, fruto do desconhecimento doutrinário, até o medo dos obsessores, passando pela fuga da grande responsabilidade que é lidar com tais espíritos.

---

79 PEREIRA, YVONNE A. *À luz do Consolador*, 2ª ed., Rio de Janeiro, FEB, 1997, pp. 170-171.

Acredito, particularmente, que, muito mais do que o medo, é a responsabilidade que afugenta os companheiros de ideal das atividades desobsessivas. Isso porque, para enveredar por seara tão espinhosa, necessário se faz uma significativa transformação do candidato, colocando-se à altura do mandato. No entanto, os nossos companheiros de ideal que se escudam nessa justificativa esquecem-se de que não se requer de ninguém a perfeição absoluta, ou relativa que seja. Se dependêssemos de perfeição para laborar na seara do Cristo, nossos músculos ficariam enrijecidos e 'nossa' alma atrofiaria. O que se deseja, no candidato às curas de obsessão, é o conhecimento da matéria e o constante esforço pelo aprendizado, além de uma vontade crescente de alcançar o próprio aprimoramento. Essas, sim, as ferramentas necessárias.

Nesse sentido, Yvonne delineia alguns pontos[80] que devem ser observados para que a tarefa desobsessiva se revista de eficácia, os quais sintetizamos logo abaixo:

• mínima ascendência moral de médiuns e doutrinadores sobre obsediado e obsessor;

• domínio dos conhecimentos sobre obsessão/desobsessão;

• fé corajosa o suficiente para enfrentar o obsediado e o obsessor, usando de energia e brandura;

• exercício da humildade, perante si e perante os outros;

• ambiente espírita resguardado de tumultos, reservado para esse mister;

• não deixar o obsediado assistir às sessões práticas, nem doutrinar o obsessor por seu intermédio;

• vigilância e oração diárias por parte dos responsáveis pelos trabalhos;

• caso apresente-se envolvido por obsessores, o médium do grupo deve afastar-se do conjunto até rearmonizar-se;

• a última recomendação acima serve, também, para médiuns mistificados, pois a mistificação é o primeiro grau de obsessão.

---

80 PEREIRA, YVONNE A. *Recordações da mediunidade*. 7ª ed., Rio de Janeiro, FEB, 1992, pp. 209-212.

Feitas essas considerações, acompanhemos um caso de obsessão/desobsessão, em que alguns desses itens podem ser comprovados na prática.

3. OBSESSÃO COLETIVA SIMPLES

No livro *Dramas da obsessão*, talvez se encerre o mais curioso drama obsessivo tratado por Yvonne. Sob os cuidados de Bezerra de Menezes, desenrola-se o bem sucedido atendimento à família de Leonel e seus algozes, num instigante processo desobsessivo.

Intitulada "Leonel e os Judeus", a primeira parte da citada obra conta a história de uma família atingida por falange de obstinados obsessores que tinham sido judeus em existência anterior, na Portugal do século XVI, e padeceram duras torturas nas mãos do sacerdote Jerônimo de Azambuja, encarregado da 'Santa Inquisição', e seus comparsas. Eles se fizeram falsos amigos daquela família de judeus convertidos, a fim de lhes usurparem os tesouros e abusar da menina Ester, sobrinha de Timóteo, o chefe da família. Após grande sofrimento, Éster, Timóteo e seus três filhos morreram nas mãos dos inquisidores, sendo que aquela conseguiu perdoar seus algozes, mas estes não, convertendo-se em obsessores dos mesmos.

Tais indivíduos, agora, estavam reunidos aqui no Brasil, sucumbindo às investidas das vítimas do passado. Azambuja era Leonel, pai de uma numerosa família, que foi levado ao suicídio, seguido de uma de suas filhas, também personagem dos acontecimentos de Portugal. Yvonne Pereira é informada, através de carta remetida por um seu parente, sobre o drama da família, onde o suicídio deixara suas marcas. Esse parente fora inspirado pelo espírito Éster, interessada no reajuste dos parentes.

Para inteirar-se da situação da família, o espírito dr. Bezerra vai até a casa de Leonel, mas não consegue penetrar na residência, devido ao "clima obsessor que expandia malefícios em derredor do lar sinistrado pela onda de tragédia que a ele se adaptava."[81] A situação é bastante inusitada e demonstra que mesmo os

---

81 PEREIRA, YVONNE A. *Dramas da obsessão*. 8ª ed., Rio de Janeiro, FEB, 1994, pp. 14-15.

espíritos superiores não podem penetrar determinadas regiões sem comprometerem sua harmonia vibratória. Para o resgate, o Médico dos Pobres contou com o apoio de Roberto de Canallejas (que já conhecemos) e de Peri (que fora miliciano árabe e integrante da tribo dos tamoios), espíritos bons, mas não suficientemente evoluídos.

Conquanto os suicídios ocorridos e a iminência de outros na família, o caso era de *obsessão coletiva simples*.[82] Ora, fiquei espantado, na primeira leitura, com essa informação. Como poderiam dois casos de suicídio, com um possível terceiro, ser de obsessão simples?

Após meditar um pouco, cheguei à seguinte conclusão: tratava-se de um *caso de obsessão simples*, e não de um *caso simples de obsessão*. O termo *simples*, na última expressão, indica que a obsessão é *suave*; na primeira, indica o *tipo* de obsessão. Os outros tipos vastamente conhecidos são: obsessão por *fascinação* e obsessão por *subjugação*. Clareemos um pouco mais a questão.

Enquanto na fascinação e na subjugação os métodos utilizados pelos espíritos são mais escancarados, mais diretos e mais facilmente percebidos pelo vulgo, na *obsessão do tipo simples* os espíritos empregam os mais sutis métodos de sugestão hipnótica, de tal forma que é muito difícil percebê-los. Embora sejam meios *simples*, seus efeitos são desastrosos! Imagine-se alguém repetindo nos 'ouvidos psíquicos' de outro, na forma de idéias: – Mate fulano! Mate fulano! Mate fulano! A simples sugestão, feita insistentemente sobre uma pessoa desprevenida, pode acarretar o homicídio do *fulano* e a prisão do homicida, que não passou de um comandado.

O caso era de *obsessão coletiva simples*, porque toda a família estava sujeita à presença dos suicidas no ambiente doméstico, cujas vibrações despertavam idêntico desejo de morte nos demais. A primeira medida foi retirar os suicidas dali, o mesmo acontecendo, posteriormente, com os obsessores.

Retirados do ambiente, os algozes foram transportados para o Centro Espírita de Lavras, onde Yvonne militava à época. Sob

---

82   Idem, p. 15.

orientação e solicitação de dr. Bezerra, realizou-se reunião especial de desobsessão, no dia e horário por ele fixados. Volto a dizer que os médiuns e os grupos mediúnicos em si só devem submeter-se a essas reuniões especiais mediante solicitação de entidades que a experiência demonstre serem superiores, sem cuja proteção torna-se perigosa qualquer aventura.

Vale ressaltar que o atendimento foi levado a efeito à distância, sem nenhum contato direto do grupo com os assistidos; e, nada obstante, obteve-se êxito pleno!

Aquele grupo era, no dizer de Bezerra de Menezes, ideal para o atendimento. Vigorava entre os seus integrantes um sincero clima de fraternidade. Todos se respeitavam e tornavam a instituição um verdadeiro campo de repouso moral. Somente grupos assim, onde há verdadeiro sentimento de fraternidade e amor devem arriscar-se na tarefa desobsessiva, pois só o amor e a fraternidade são capazes de imunizar as criaturas contra as investidas do mal.

Por isso, o atendimento feito a encarnados e desencarnados foi bem sucedido, favorecendo a libertação de algozes e vítimas, de agora e de ontem.

VIII – Yvonne Educadora

> A Codificação realizada por Allan Kardec
> é a moral superior do Cristo ativando a reedu-
> cação das possibilidades humanas para a acei-
> tação do divino convite.
>
> Yvonne[83]

Em artigo intitulado "Educar-se para Educar", o conhecido escritor Passos Lírio faz a afirmação que se segue:

> (...) todo aquele que fala, que escreve, que exerce faculdades mediúnicas, que pretende doutrinar e convencer Espíritos obsesso-res, que colabora nas Escolas de Evangelização Espírita, nas Juventu-des e Mocidades ou em outras agremiações religiosas, desempenha função educativa intencional...[84]

Com a clareza que têm seus escritos, Passos Lírio demonstra, de maneira muito objetiva, algumas das múltiplas possibilidades que tem o espírita de exercer uma função educativa relevante, posto atingir este e o outro lado da vida.

Seja através da oratória ou da divulgação escrita; seja no exercício mediúnico ou no esclarecimento de obsessores e sofre-

---

83 PEREIRA, YVONNE A. *À luz do Consolador*. 2ª ed., Rio de Janeiro, FEB, 1997, p. 105.

84 PASSOS LÍRIO. "Educar-se para Educar". *In: Reformador*, ano 118, nº 2056, julho de 2000, p. 09.

dores; seja na evangelização infantil ou nas atividades com jovens, a influência benéfica de um espírito sobre outro se estabelece e, com ela, um processo educacional.

De um modo singular, a pupila de Charles consegue enquadrar-se nas modalidades descritas, e com distintivos. À custa de imensos esforços pessoais na busca do autoconhecimento e conseqüente autodomínio, ela conseguiu canalizar e direcionar suas inclinações intelectuais, aproveitando positivamente as tendências naturais que manifestava.

Mediante o adestramento das faculdades mediúnicas que eclodiam, a pouco e pouco Yvonne entregou-se a intercâmbio mais intenso com os espíritos, os quais levavam-na em longas e elucidativas viagens astrais; ditavam-lhe mensagens sobre temas espíritas e; dirigiam o atendimento aos espíritos sofredores, desencarnados e encarnados – os primeiros através da psicofonia e dos contatos diretos através da vidência e da audiência; os últimos, por meio de conselhos, de conversas edificantes, do uso da tribuna espírita e do serviço de receituário homeopático.

Além disso, em determinada fase de sua existência, ela também se dedicou a ministrar aulas de espiritismo para crianças e adolescentes, tarefa que a coloca na condição dos atuais evangelizadores.

A seguir, terão ênfase especial três aspectos das atividades educativas desenvolvidas por Yvonne, como sejam: a oratória espírita, o serviço de orientação espiritual e as crônicas escritas com o pseudônimo de Frederico Francisco.

1. ORATÓRIA ESPÍRITA

Esse capítulo da vida de Yvonne estava criando embaraços para mim. Sim, porque, além dos detalhes técnicos, mencionados no capítulo "Yvonne e a Mediunidade", muito pouco eu tinha conseguido sobre tal atividade, sobre seu cunho educativo.

Entrevistados, alguns de seus amigos não puderam fornecer detalhes, à exceção de Jorge Rizzini, autor das seguintes considerações, ditas através de carta:

Yvonne tinha a fala fácil. Gostava de contar casos. E o fazia com rapidez, e sorria, constantemente. Pessoa encantadora.[85]

E fiquei a questionar-me sobre como tratar adequadamente deste assunto.

Quando menos esperava qualquer solução, chegou-me às mãos, através da amiga Vera Santos, o livro *Lindos casos da mediunidade gloriosa*, do conhecido confrade Ramiro Gama. E, no capítulo oitavo, que trata de lindos casos de Yvonne Pereira, encontrei exatamente o de que precisava. Eis o que diz o Ramiro, baseando-se em carta recebida da própria médium:

CHAMAMENTO

A primeira vez que Yvone [sic] falou em público, num Centro Espírita, foi na cidade de Cruzeiro, no Estado de São Paulo.

Era muito jovem ainda e jamais pensara na possibilidade de se tornar oradora espírita.

Entretanto, colaborava num jornal semanário da aludida cidade, inspirada pelos Espíritos. Chamava-se o jornal O *Cruzeirense*, parecia-lhe este o nome.

Entenderam os seus redatores e os espíritas locais que ela deveria ser oradora também. Além dos redatores, seu irmão carnal também a incentivou.

Fora passar as férias daquele ano (1927) em casa de seu irmão, ali residente, e chegou, justamente, numa terça-feira, pela manhã, dia da sessão de estudos no Centro Espírita local e do qual era presidente o médium Mário Pinto de Souza.

Sabedores de sua chegada, os redatores do jornal e alguns Espíritas mandaram fazer boletins convidando o público para assistir a uma conferência dela, Yvone [sic], que deveria abordar assuntos espíritas de grande relevância.

A notícia fez sensação, pois Yvone [sic] já era ali conhecida através de seus artigos espíritas publicados na imprensa local.

Yvone [sic], que de nada sabia, foi informada do acontecido na hora do almoço e, assustada, responde a seu irmão:

– Mas... eu não sou oradora, nunca falei em público e não sei fazer uma conferência...

– Agora você terá que fazê-la, respondeu o irmão, pois os boletins já estão na rua, convidando o público...

Ela calou-se. E combinou com a cunhada para saírem juntas, realizando um passeio justamente às 18 horas, visto que assim não faria a conferência anunciada à sua revelia...

---

85   *Carta de Jorge Rizzini*, de 5 de outubro de 2000.

Dirigiram-se, então, a um cinema, existente num extremo da cidade, onde eram exibidos filmes de *"Far-west"* [sic], ao preço de 500 réis, moeda hoje sem nenhuma expressão. Era freqüentado por moleques, indivíduos pouco recomendáveis. Ali, ambas, se esconderam, assistindo às duas sessões e somente retirando-se às 21 horas.

Às 19h30, uma comissão foi buscar Yvone [sic] na residência do seu irmão, com automóveis e flores. E não a encontrando os membros da comissão foram procurá-la em outras partes sem, no entanto, encontrá-la... O Centro regorgitava [sic] de assistentes: professores, médicos, gente importante da cidade. E, desapontado, o irmão, que fazia parte da comissão, desculpava:

– Eu avisei-a, mas creio que ela esqueceu-se e saiu...

Não houve pois a conferência e o presidente do Centro teve de remediar a situação, falando qualquer coisa sobre a lição da noite.

Yvone [sic] chegou a casa às 22 horas, encontrando o irmão deveras contrariado. Desculpou-se como pôde e recolheu-se para dormir.

Eram 23 horas quando proferiu a prece da noite. E, para surpresa sua, pressentiu a presença do Espírito Bittencourt Sampaio, que, conselheiramente, a advertiu:

– Farás a conferência, sim, na próxima semana. Hoje, apenas, faltou-te fé e confiança...

Na terça-feira seguinte, pela primeira vez, subiu ela numa tribuna espírita e deu o testemunho exigido, fazendo a conferência sob o título: "O que é ser espírita".

Mas, na assistência, não havia nenhum médico nem nenhum professor. Apenas, lotando o Centro, lá estavam almas sofredoras em busca de consolo e esperança e nenhuma comitiva cerimoniosa e composta de doutos...

E desta noite em diante, sem que ninguém a fosse buscar em casa do irmão, marchou sozinha ou acompanhada da cunhada, tornou-se, enquanto ali estivera, a oradora, tendo por 43 anos seguidos, falado, aqui, ali e acolá, onde quer que fosse chamada, sobre as alvíssaras do Consolador.

Compreendeu seu *chamamento*, na hora exata e compreendeu a recomendação dos Espíritos: quando fordes falar, não vos preocupeis, porque se fizerdes por onde, por vós falará o Espírito da Verdade, realizando um *trabalho do senhor*!

Graças a Deus que, em tempo, compreendeu a grande verdade do *chamamento*!" (Todos os grifos são do original)[86]

E assim começou Yvonne a educar através da oratória!

---

86 GAMA, RAMIRO. *Lindos casos da mediunidade gloriosa*. 1ª ed., São Paulo, LAKE, 1977, pp. 115-117.

2. SERVIÇO DE ORIENTAÇÃO ESPIRITUAL

Em *Diversidade dos carismas*, Hermínio Corrêa de Miranda, autoridade nas questões mediúnicas, diz, no capítulo que traz o título "Orientação Espiritual":

> Mais de uma vez, em conversa comigo, lamentou a querida Yvonne A. Pereira o fato de que tão poucos médiuns se dedicassem ao trabalho de orientação espiritual. A despeito de toda a sua intensa atividade no movimento espírita e fora dele, Yvonne fez questão de reservar uma parcela de tempo a essa tarefa que sempre considerou da maior importância, pelos benefícios que pôde observar durante a sua longa prática mediúnica. Sou testemunha da sua dedicação a esse trabalho, que manteve enquanto teve forças para fazê-lo, sem prejuízo da participação nas demais tarefas de desobsessão, nas quais funcionou durante muitos e muitos anos como médium psicofônico e psicográfico (...)[87]

Esta é uma tarefa das mais importantes, cujo cunho educativo assume amplas proporções e bons efeitos. Ainda na obra antecitada, Hermínio C. Miranda faz considerações sobre como um trabalho desse tipo deve ser feito, além de relatar cinco casos que alcançaram benefícios.

É, indiscutivelmente, um serviço gratificante, de ampla extensão, o que a própria Yvonne comprovou em suas atividades. Sabe-se que desde os vinte e um anos ela recebia muitas cartas, solicitando amparo e consolação. Portanto, muita gente foi orientada pelo seu trabalho.

Através das cartas que escrevia, ela não somente elucidava sobre as origens e soluções dos conflitos que atormentavam seus consulentes, como também enviava receitas homeopáticas, emitidas por Roberto de Canalejas e Bittencourt Sampaio, entre outros. Mas foi com Bezerra de Menezes que o trabalho de assistência assumiu dimensões relevantes. Basta dizer que uma de suas obras, *Dramas da obsessão*, surgiu de um atendimento desse tipo, solicitado através de carta, conforme já vimos.

---

87 MIRANDA, HERMÍNIO C. *Diversidade dos carismas – II*. 3ª ed., Niterói, Lachâtre, 2000, p. 239.

Muitas orientações foram dadas por Yvonne, não só a pessoas simples e desconhecidas, como também a importantes nomes do movimento espírita brasileiro, como foi o caso do próprio Hermínio Miranda, Domério de Oliveira, Jorge Rizzini e Divaldo P. Franco. Com esse último, aconteceu um fato singular.

Em 1962, Divaldo passou por uma difícil provação. Embora não sendo solicitada pelo orador baiano, Yvonne pediu aos espíritos amigos que ditassem palavras de conforto para o médium. Daí a alguns minutos, ela recebia a seguinte mensagem, gentilmente fornecida por Divaldo, que passo a publicar pelo seu ineditismo:

Divaldo Franco
Salvador – Bahia
Se possível, rogamos uma palavra de conforto para ele,

Meu amigo e filho querido,
Deus nos abençoe.

Por que te admiras dos espinhos que circundam os teus caminhos, se o teu Mestre de Nazaré foi coroado com os mesmos espinhos?

Por que te admiras que as lágrimas corram dos teus olhos, confrangido que está o teu coração, se teus irmãos do início do Apostolado Messiânico se viram frente aos leões dos circos da iniqüidade, para satisfação das trevas?

Por que desejamos encontrar apenas sedas e arminhos, se desde o início da Terceira Revelação foi anunciado que os adeptos mais responsáveis seriam atingidos pela zombaria e o ridículo, visto que passara a época dos gládios e dos circos romanos? Dê graças a Deus por mereceres sofrer frente ao serviço do Senhor. Reaja a tua fronte abatida, certo de que depois da borrasca surgirá a bonança. Lembra-te de que ao Calvário seguiu-se a Ressurreição, para que a Doutrina do Cristo imperasse nos corações.

Resigna-te ao presente e espera que a luz rebrilhe em teus futuros caminhos. Na Seara do Cristo nem só os que escrevem são eleitos. Os que choram e sofrem também o são, porventura com maiores méritos. Tua missão maior é junto aos que sofrem, como o teu Mestre Jesus Nazareno, e não ao pé dos letrados do século.

Prossegue, pois, enxugando lágrimas, revigorando corações, amando, perdoando, esperando... e o mais vir-te-á por acréscimo de misericórdia

Deus seja contigo. Não estás só. Amigos do invisível velam por ti.
Paz,

Quer através de cartas ou em conversações fraternas mantidas no interior de seu lar; quer através de seus livros ou encoberta pelo pseudônimo de Frederico Francisco, Yvonne levou muito consolo a corações aflitos. E é sobre "Frederico Francisco" que falarei a seguir.

3. FREDERICO FRANCISCO

Conta Yvonne que, nos idos de 1931, foi arrebatada em espírito para paragens espirituais. Lá, teve a visão de um romance que mais tarde psicografaria, *Amor e ódio*, visão esta proporcionada pelo grande romancista francês Victor Hugo. E diz mais: Victor Hugo não estava sozinho – trazia consigo, além de Charles e da entidade Gaston (personagem central da trama), o vulto histórico de Fréderic-François Chopin! Aquele fora o seu primeiro contato com o ilustre musicista.

Somente vinte e sete anos depois, ou seja, no ano de 1957, Chopin tornaria a aparecer, a partir de quando se iniciou, entre ambos, uma bela amizade com fundos vínculos de afeto.

O carinho estabelecido levou a médium a homenageá-lo de forma singular: adotou o pseudônimo de Frederico Francisco, usando-o para assinar os artigos que fazia publicar nas páginas da revista *Reformador*, que são o objeto desse nosso estudo.

Acreditamos, aliás, que essa foi, sem dúvidas, uma grande homenagem, dado o primor de Yvonne no trato com as letras e os temas, sempre abordados com lucidez e personalidade.

Curioso é perceber como ela utilizava as mais diversas situações para obter assuntos instigantes, sempre trazendo o seu e o dia-a-dia dos outros para as crônicas, conseguindo cativar a atenção e despertar o interesse do leitor. Alguns exemplos são encontrados nos artigos "A verdade mediúnica", "Incompreensão" e "O Grande Compromisso".

No primeiro, Yvonne utiliza o fato de ter assistido a um filme, no ano de 1938, para traçar esclarecimentos sobre a imortalidade da alma e a comunicabilidade entre as dimensões física e espiritual, abordando o caso em que o escritor inglês Charles Dickens concluiu, pelas vias mediúnicas, uma obra que deixou inacabada, antes de desencarnar.[88]

O segundo texto, "Incompreensão", delineia-se a partir de uma conversação travada entre ela e alguns confrades espíritas. No artigo, Yvonne refuta o costume que têm certos adversários do espiritismo de porem à prova as faculdades mediúnicas de pessoas sérias e de vida correta. Fazendo uso de seu profundo conhecimento das questões mediúnicas, traça considerações sobre as sutilezas da mediunidade e a falibilidade dos intermediários, das inconveniências da prática aludida e da irresponsabilidade dos detratores. Ao final, lembra os grandes prodígios obtidos do espaço, que se contrapõem em número e qualidade aos deslizes porventura cometidos.

O último texto evocado assim é introduzido pela assistida de Bezerra:

> Numa carta que há dias recebemos, uma jovem espírita confessa que seu maior desejo é escrever livros espíritas, valendo-se da mediunidade. Confessa também que pouco estuda a Doutrina dos Espíritos, que sente aversão às obras clássicas, limitando-se ao conhecimento das obras mediúnicas, de preferência romances. Não obstante, a mesma jovem irmã se permite a grande responsabilidade de se entregar ao desenvolvimento das suas faculdades mediúnicas e à evangelização das crianças.[89]

Desse ponto em diante, Yvonne apresenta um panorama esclarecedor. Considera a gravidade da tarefa de evangelização infantil, que requer, acima de tudo, um processo de auto-evangelização, e frisa, como de costume, os perigos a que se submete todo e qualquer indivíduo que deseje "devassar o invisível" sem estar respaldado pelo estudo continuado e meticuloso dos compêndios espíritas. Afirma, em outras palavras, que toda grande

---

88 Nota da editora: trata-se da obra O *misterio de Edwin Drood*, posteriormente traduzida por Hermínio C. Miranda e publicada pela Lachâtre em 2002.

89 PEREIRA, YVONNE A. *À luz do Consolador*, 2ª ed., Rio de Janeiro, FEB, 1997, p. 65.

tarefa, seja mediúnica ou de outro caráter qualquer, deve sempre começar pelo começo: a caridade! Sim, a caridade, profunda e arrebatadora, desinteressada de benefícios próprios e realizada para concretização da felicidade alheia.

E, não menos elucidativa, assim a assistida de Bezerra conclui a citada crônica:

> Pensemos então, também, um pouco, naqueles que sofrem; os doentes, os tristes, os aflitos, os obsidiados, os órfãos, os velhos desamparados. Lembremo-nos de que Jesus é o Mestre e que, quando neste mundo, nada escreveu, mas curou enfermos, consolou os desgraçados, orientou os pecadores para os caminhos da regeneração, amou as crianças, serviu a todos... e deixemos a literatura mediúnica para aqueles que reencarnaram com as almas assinaladas pelos terríveis compromissos assumidos no passado.[90]

* * *

Yvonne do Amaral Pereira encontrava, nas minudências da vida, matéria para levar luz às mentes dos homens. Através dos seus artigos, muitos alcançaram um entendimento claro e preciso da doutrina espírita, em seu tríplice aspecto: ciência, filosofia e religião.

Inegavelmente, como *Frederico Francisco*, Yvonne foi capaz de influenciar positivamente a muitas pessoas, conseguindo despertar, em quantos puderam ler seus escritos, um processo de evolução, no sentido de estimular a busca do aperfeiçoamento, cativando a inúmeros corações...

---

90 PEREIRA, YVONNE A. *À luz do Consolador*, 2ª ed., Rio de Janeiro, FEB, 1997, pp. 67-68.

IX – Yvonne e os amigos

IX – Yvonne e os amigos

> [...] o Amor e o Bem caem em toda parte [...], e quando passam, conduzidos seja por quem for, deixam sempre um traço harmonioso de legítimo benefício.
>
> Yvonne[91]

Sem dúvidas, o patrimônio da amizade é dos mais belos, dos mais importantes e consistentes que alguém pode possuir. Basta perceber que todas as relações interpessoais só resistem à ação do tempo e às intempéries da vida quando existe um sincero e gratuito laço de afeto unindo os indivíduos.

Seja num relacionamento a dois, no trato de filhos e pais, ou ainda na vida em sociedade, é ela quem sustenta os homens e os mantém de pé, confiantes, firmes, por saberem-se ajudados e acompanhados por corações bondosos e prestativos, prontos para estender-lhes as mãos em socorro.

Em crônica da primeira metade do século XX, intitulada "Os Dois Hóspedes", o saudoso Humberto de Campos Veras, escritor exímio, o mesmo Irmão X das páginas psicografadas por Francisco Cândido Xavier, trata do coração como sendo um vasto edifício, hotel dos mais aristocráticos, em cujos compartimentos moram os vários sentimentos que povoam e tonificam a vida. Tristeza e Alegria, Bondade e Ódio, Mentira e Verdade convi-

---

91 PEREIRA, YVONNE A. *Devassando o invisível*. 5ª ed., Rio de Janeiro, FEB, 1984, p. 186.

viam dialeticamente, uns sobressaindo às ausências dos outros, num misto de segurança e instabilidade.[92]

Conta Humberto que, num dia de muito pesar, o Amor, cavalheiro honrado, cobiçado e temido por muitos, ferido e magoado, resolveu partir daquela moradia, deixando atrás de si profundo rastro de amargura e dor. No dia seguinte à sua partida, "uma senhora tímida, modesta, fisionomia bondosa" se apresentou para ocupar o compartimento vago. Ao saber que fora habitado pelo Amor, disse não poder ficar ali, pois era a Amizade.

Embora todo o tom lírico que muito bem sabia dominar, o poeta se referia ao Amor dos arroubos da Paixão, tumultuada e perturbadora. Mas o verdadeiro Amor tem como combustível a mais pura Amizade, que deixa "sempre um traço harmonioso de legítimo benefício"!

Yvonne do Amaral Pereira foi um bom exemplo de amizade, respeito e amor. Sempre prestimosa e interessada em fazer amigos e responder ao sempre crescente volume de correspondência que lhe chegava de todo o país, ela se fez amar por muitas almas, não só pelo seu estilo leve e fácil de escrever e interpretar, como também pela atenção desinteressada que demonstrava em responder às missivas. Até pelos obsessores, tão temidos e marginalizados por todos, era ela amada e respeitada!

Inúmeros foram os corações que se confortaram mediante seus conselhos. Incontáveis foram os dramas que a sua ação ajudou a converter em bênçãos. Inesquecíveis foram os laços fraternos que formaram *elos de luz* entre seu coração e outros igualmente sequiosos ou abundantes de paz.

Sua alegria com os amigos que tinha é muito bem expressa numa de suas entrevistas, presente no livro *Entrevistas de Yvonne Pereira*:

> É, eu sei que possuo muitos amigos, tanto assim que eu, quando era jovem, tinha muita vontade de ter muitos amigos, sempre tive mania de escrever cartas, etc. Mas não conseguia muito, não. Agora eu consigo, estou, então, com uma velhice bela... bela! Porque estou rodeada de amigos, amigos de todas as idades, até de jovenzinhos assim... crianças

---

92 PRATES, MARILDA. *Reflexão e Ação em Língua Portuguesa – 7ª série*. 1ª ed., São Paulo, Ed. do Brasil, 1984, pp. 70-71.

que vêm aqui, de propósito, conversar comigo, e isso me agrada muito, isso quer dizer que eu não sofri nem trabalhei em vão.[93]

E nas minhas pesquisas confirmei: Yvonne tinha um carteado de almas afins. Foram muitos, e impossível seria citar, nestas breves e despretensiosas linhas, os seus nomes. Contudo, alguns deles merecem destaque, não só pela importância que assumiram no contexto histórico do espiritismo no século XX (o leitor poderá encontrar, no final do livro, um breve resumo biográfico de cada um), mas também pela íntima relação mantida com a médium.

1. CARLOS IMBASSAHY

Descobri que Yvonne e dr. Imbassahy foram amigos através da revista *Reformador* de agosto de 2000, num artigo escrito por Mauro Operti, que peço licença para transcrever, eximindo-me de quaisquer comentários, por julgá-lo suficiente para falar dessa amizade

YVONNE A. PEREIRA, CARLOS IMBASSAHY E A DELICADEZA

Todos nós, espíritas, conhecemos D. Yvonne A. Pereira pelos seus livros, que marcaram época na literatura mediúnica. Ela forma, ao lado de Francisco Cândido Xavier e Divaldo Pereira Franco, o importante grupo de médiuns psicógrafos que vieram impulsionar o Movimento Espírita Brasileiro em meados deste século que está findando.

No primeiro livro mediúnico publicado por D. Yvonne, *Nas Telas do Infinito*, existe uma novela escrita por Camilo Castelo Branco, romancista português desencarnado por suicídio no ano de 1890. Tem por título "O Tesouro do Castelo". O estilo inconfundível de Camilo, clássico e elegante, ali se mostra de forma clara.

Carlos Imbassahy, destacado escritor e jornalista espírita, homem culto e combativo, tornou-se seu amigo. Imbassahy era dono de um humor fino e cortante, que usava para defender a Doutrina Espírita do ataque de padres e pastores. Foi atraído ao convívio dela justamente em virtude da sua cultura literária, que lhe permitiu reconhecer no autor espiritual daquelas páginas o mesmo Camilo, cujo estilo ele conhecia bem.

Fizeram-se amigos e mais de uma vez ela foi visitá-lo na casa de Niterói que era ponto de encontro de confrades do Rio de Janeiro.

Guardo comigo, com muito carinho, uma lembrança amena dessa amizade. Em uma folha, já amarelecida, uns poucos versos em que

---

93 CAMILO, PEDRO (Organizador). *Entrevistas de Yvonne Pereira*. 2005. (Ainda no prelo, a obra será publicada pela Lachâtre).

o Dr. Imbassahy, como nós o conhecíamos, dela reclama, fraternalmente, pela falta de visitas. São versos simples, mas cheios de um encanto espontâneo que mostra a tessitura espiritual dessas almas, afins pelas obras que ambos realizaram com persistência e determinação. Dizem assim:

A D. Yvonne Pereira,

Que anda um tanto arredia,

Desejo muita alegria,

Que não deixe a sementeira,

Que tenha paz e harmonia,

Que não deixe a boa via,

A D. Yvonne Pereira.

Que tenha venturas mil,

Fique sempre juvenil

E que volte por aqui.

Se não voltar, olha o estrilo,

Não só do nosso Camilo,

Como do C. Imbassahy.

E, numa letra diferente, provavelmente da sua esposa, encerra-se ternamente o recado:

E todos, de coração,
Agradecem seu cartão.

Que são essas coisas? Delicadezas do sentimento, que tanto mostram elevação como a promovem, se forem cultivadas pela alma. Espíritos delicados acham encanto em se expressar e se comunicar desta forma. Faz-nos bem ao coração.

No entanto, ao lado do mimo encantador, o aviso prudente do homem vivido, experimentado, conhecedor dos homens e, principalmente, sabedor das dificuldades que forram o caminho dos médiuns promissores, dificuldades tanto maiores quanto maiores são as suas possibilidades de serviço. Quantas quedas espetaculares não teria ele visto no decorrer da sua vida, que naquele momento já era longa? E, desde aqueles dias, quantas nós próprios já não vimos? Quantos médiuns não se deslumbram e caem?

D. Yvonne atendeu fielmente ao desejo da alma amiga que a estimulava a servir. Nos quase trinta anos seguintes, em meio a muitas lutas, continuou a servir, incessantemente. Produziu muitos livros e escreveu muitos artigos, respondeu a muitas cartas de almas aflitas que recorriam à sua boa vontade, atendeu pacientemente a quantos necessitavam da sua orientação, ajudou com suas preces, dia a dia, aos desencarnados que dela se aproximavam, sabendo-se Espírito devedor e ainda com muitas dificuldades, mas sem deixar a tarefa, um só momento.

Certamente,

... "não deixou a sementeira".

Permaneceu fiel à sua amada Doutrina Espírita, cuja integridade defendia com vigor e veemência, e aos seus guias, que eram seus dedicados amigos e da sua família, grupo de Espíritos ligados por compromissos mas também por afinidades sinceras. Nunca se deixou levar pela tentação de aparecer e brilhar dentro ou fora do ambiente espírita. Bastava-lhe o convívio com seus guias e o carinho dos seus confrades.

Certamente,

... *não deixou a boa via*

A D. Yvonne Pereira.

Quantos médiuns não estarão necessitando aprender com o seu exemplo?

Deus a abençoe.[94]

2. DIVALDO PEREIRA FRANCO

Divaldo foi mais um dos muitos corações felizes que foram amigos de Yvonne, e a ascendência dela sobre o médium é tal que, definindo a amizade que os uniu, o tribuno baiano assim se expressa:

> Defino minha amizade com D. Yvonne como um dos momentos culminantes da minha atual existência...[95]

As informações que aqui vão escritas me foram confidenciadas pelo próprio Divaldo em uma entrevista que gentilmente me concedeu, no Centro Espírita Caminho da Redenção, em Salvador, BA.

No ano de 1957, Divaldo Franco proferiu uma conferência em Belo Horizonte, na TV Itacolomi, a primeira conferência espírita do Brasil pela televisão. Dentre os amigos que compareceram, alguns falaram ao jovem orador sobre Yvonne Pereira. Ele já

---

94 Reformador, ano 118, nº 2057, agosto de 2000, p. 15.

95 Entrevista concedida em 27 de novembro de 2001, no Centro Espírita Caminho da Redenção, de Salvador, BA.

tinha lido, à época, *Nas telas do infinito*, e tinha começado a ler *Memórias de um suicida*. Foram visitá-la no dia seguinte.

Ela morava no bairro da Sagrada Família e estava com o braço engessado, fruto de um 'empurrãozinho' que recebeu de um espírito inimigo da causa espírita. E contou o fato jovialmente. Era uma sexta-feira.

Naquele mesmo dia, à noite, Chico Xavier realizava reuniões em Pedro Leopoldo, para onde ambos acorreram, tendo sido, aquele dia, coroado de pleno êxito, permitindo a Yvonne, de uma só vez, estreitar vínculos afetivos com os dois conhecidos médiuns.

Yvonne e Chico na inauguração de um Centro Espírita no Rio de Janeiro.

Daquele 1957 até então, diz Divaldo, seus contatos com Yvonne do Amaral Pereira foram intensos. Correspondiam-se com muita freqüência, e ele sempre ia visitá-la. Divaldo contou-me, também, que, sempre que possível,

> [...] ia vê-la como um aprendiz que vai fazer uma prova não solicitada com seu mestre. Então, nós sempre fomos amigos. Levava-lhe

sempre um *bouquet* de rosas vermelhas, que ela gostava muito, parte das quais ela depositava na foto de Chopin.[96]

A amizade entre ambos não se limitou a simples troca de impressões. Segundo suas palavras, representou "um dos momentos culminantes" da sua vida. No ano de 1962, tendo passado por dolorosa provação, Yvonne, além de escrever-lhe memorável carta, recebeu uma mensagem ditada pelo espírito Vianna de Carvalho a ele endereçada. Na carta, o espírito o exorta à compreensão e à aceitação das dificuldades, aconselhando-o a exercitar-se na caridade entre os sofredores do mundo. Uma mensagem muito bela, a mesma que transcrevemos no capítulo anterior.

Foi exatamente assim que aconteceu: naquele momento de provação, que não foi revelada pelo entrevistado, Yvonne se fez intermediária de Vianna de Carvalho, espírito que vem acompanhando Divaldo desde o início de sua jornada espírita.

3. FRANCISCO CÂNDIDO XAVIER

Yvonne e Chico tornaram-se amigos na segunda metade da década de 1950.

Após ter publicado o livro *Nas telas do infinito*, Yvonne precisou mudar-se para Belo Horizonte, a fim de residir com uma sobrinha. Foi o que me contou o casal Mauro e Elisabeth Operti.[97]

Em entrevista ao jornal Obreiros do Bem, Yvonne nos informa detalhes do seu primeiro contato com Chico Xavier:

> No ano de 1956, depois de ter sido dado a público *Memórias de um Suicida*, em novembro de 1955, fui, pela primeira vez, a Pedro Leopoldo. Nunca havia conversado com Chico, do mesmo modo, portanto, que nunca havíamos trocado idéias sobre esse assunto. Estávamos, então, na residência de Chico, onde, na sala, conversávamos com D. Esmeralda Bittencourt, de quem ele era muito amigo, e a qual havia perdido dois filhos em circunstâncias trágicas.[98] Chico consolava-a muito. Foi quando recebeu, para D. Esmeralda, uma co-

---

96 Idem.

97 Conversa telefônica, na noite do dia 30 de janeiro de 2003.

98 Nota da editora: o caso de d. Esmeralda Bittencourt acha-se narrado em detalhes na obra *Ecos de São Bartolomeu*, de autoria de Isabel Bittencourt e L. A. Millecco, publicado pela Lachâtre.

municação do filho que havia falecido, depois do que escreveu alguma coisa, que passou às minhas mãos, dizendo tratar-se de um soneto de Antero de Quental, a mim endereçado. "Diz ele", continuou o Chico, "que, quando se deu o seu suicídio em Lisboa, ele era mocinho, e recorda-se muito dos comentários da sociedade, a esse respeito". Aceitei plenamente essa comunicação, porque Chico não sabia de nada do que se havia passado comigo, nem mesmo na existência presente. Procurei, então, saber a época em que viveu Antero de Quental: e vim a constatar que foi justamente o tempo de Camilo Castelo Branco.[99]

Tendo estreitado laços de amizade, os dois médiuns nunca mais deixariam de trocar impressões. Yvonne, inclusive, durante o período vivido em Minas Gerais, atuava como médium passista junto a Chico no Grupo Espírita Meimei, de Pedro Leopoldo, já que nunca foi visitá-lo em Uberaba.

Na entrevista supracitada, Divaldo Pereira Franco afirmou que Chico muitas vezes lhe falou do quanto o impressionava a autenticidade mediúnica de Yvonne, além de sua forte personalidade. Não é em vão que o médium mineiro referia-se a ela de maneira tão carinhosa, especialmente sobre os escritos de Camilo Castelo Branco e Bezerra de Menezes, como ficou dito para trás.

Era freqüente, entre ambos, a troca de cartões. Em uma dessas demonstrações de afeto, escreveu-lhe o médium mineiro, coadjuvado por Waldo Vieira:

> Uberaba, 26-11-62
>
> Querida Yvonne, sempre lembrada irmã.
>
> Deus nos abençoe, concedendo a você, junto do Dr. César e Amália, com todos os familiares queridos, muita saúde e paz, alegria e bom ânimo.
>
> Recebemos o seu generoso cartão por nosso caro Wilton e agradecemos, com todo o nosso coração, as suas palavras e lembranças afetuosas e amigas.
>
> Muito gratos, querida irmã, por todas as mais demonstrações de generosidade para conosco, pedimos a Jesus por sua felicidade e vitória plena em suas abençoadas tarefas mediúnicas, das quais todos temos recebido a luz e o pão, o consolo e o estímulo da Espiritualida-

---

99   CAMILO, PEDRO (Organizador). *Entrevistas de Yvonne Pereira*. 2005. (Ainda no prelo, a obra será publicada pela Lachâtre).

de Superior. Que o Senhor guarde e abençoe, cada vez mais, o seu generoso coração. Com as nossas lembranças a todos os seus entes queridos, somos os seus irmãos reconhecidos que enviam a você grande e afetuoso abraço.

Waldo e Chico.

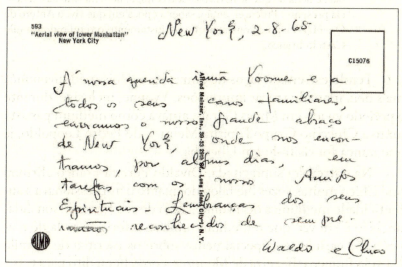

Cartão enviado a Yvonne Pereira por Chico Xavier

Além de trocarem cartas e cartões afetuosos, a amizade entre ambos suscitou um fato inusitado.

No livro *Recordações da mediunidade*, a pupila de Charles narra um problema de saúde (que os médicos disseram irremediável) e de assédio espiritual que um seu parente, identificado por C., teria sofrido nos idos de 1958. Chamada a auxiliá-lo, Yvonne detectou a presença de duas entidades no ambiente da residência recém-adquirida: um primo de C., que cometera suicídio, e outra entidade, que residira naquele local, de nome Pedrinho, não propriamente má, mas que contribuía para o agravamento da situação do enfermo.[100]

Sabendo do problema, que certamente lhe fora informado por Yvonne, o Grupo Espírita Meimei realizou o atendimento da

---

[100] PEREIRA, YVONNE A. *Recordações da mediunidade*, 7ª ed., Rio de Janeiro, FEB, 1992, pp. 128-151.

entidade suicida, retirando-a do ambiente de C., facilitando-lhe a reabilitação da saúde. Chico Xavier estava presente a essa reunião.

E, dois anos depois, C., que não era outro senão o pai de d. Elisabeth Operti, dr. César Augusto Lourenço, portanto cunhado de Yvonne do Amaral Pereira, ficou plenamente curado após submeter-se a uma cirurgia, que foi recomendada por dr. Bezerra de Menezes, através das faculdades de Chico Xavier, em reunião íntima por este solicitada.

Esse foi um dos muitos frutos que a amizade entre Yvonne e Chico deixou ao longo do caminho...

4. HERMÍNIO C. MIRANDA

Aqui está mais um que desfrutou de momentos felizes com a pupila de Charles. Sim, Hermínio Corrêa de Miranda, respeitado escritor e pesquisador espírita, também bebeu na fonte da sabedoria de Yvonne. E, como se verá, ela influiu de maneira decisiva na orientação do estimado escritor.

Fiquei sabendo da amizade entre ambos através do livro *Cânticos do coração – I*, publicado pela editora Celd. Desde então, alimentei o desejo de escrever-lhe, o que fiz assim que consegui o seu endereço com Suelly Caldas Schubert. Daí a algum tempo, recebi uma valiosa carta sua, na qual o prezado confrade fala resumidamente da amizade que os uniu:

> Duas ou três vezes a visitei, aqui no Rio e algumas outras nos encontramos na FEB. Eram mais comuns as conversas ao telefone. É uma pena que não tenham sido gravadas... Eu evitava tomar-lhe o tempo precioso, dado que, além dos afazeres normais da vida, tinha ela intensa atividade doutrinária e mediúnica. Estudava, lia, mantinha correspondência com muita gente, recebia pessoas para conversar e ainda escrevia seus próprios textos, além dos mediúnicos, como você sabe.
>
> Era uma pessoa despojada de vaidades, vestia-se com simplicidade, sem jóias ou enfeites e sem maquiagem. Foi de uma fidelidade irrepreensível à doutrina dos espíritos, pela qual pautou sua vida de não poucas dificuldades. Sempre gentil e acolhedora, não hesitava em dizer, educadamente, mas com firmeza, o que pensava sobre as questões em debate.
>
> Sou-lhe muito grato pelas expressões de estímulo quanto aos meus artigos em *Reformador* e, especialmente, sobre *Diálogo com as*

sombras, meu primeiro livro. Sua palavra foi de inestimável importância para mim naquele momento inicial em que o estreante se sente algo inseguro. Yvonne não era de pensar uma coisa e dizer outra. Sua generosa avaliação me passou emocionante sensação de alegria e gratidão.[101]

Hermínio era amigo e colega de trabalho de Paulo Anibal Pereira, irmão de Yvonne, o que, certamente, ainda mais aproximou os dois.

Você, que lê estas linhas, deve estar se perguntando quais teriam sido as "expressões de estímulo" feitas por Yvonne ao livro *Diálogo com as sombras*. Eu também me perguntaria, se estivesse em seu lugar. Pois é o próprio Hermínio quem as revela, no prefácio que fez para o *Cânticos do coração*, naquilo que chamou de "recado":

> Você me desculpe, Yvonne. Procurei respeitar sua modéstia, mas ai está o mínimo que poderia dizer pelo muito que ficamos todos a dever-lhe pelos escritos próprios e alheios, mas, também, pelo exemplo de sua vida de renúncias e dedicação à tarefa que lhe foi confiada. Além do mais, tenho com você um ponto mais sensível de saudade. Hei de me lembrar da funda emoção com a qual ouvi você dizer-me, certa vez, ao telefone, que o meu recém-lançado *Diálogo com as Sombras* era, no seu entender, "o livro que Kardec não escreveu". Lembra-se? Para o escritor ainda temeroso de vôos mais audaciosos, aquele foi um marco luminoso, um momento mágico que a sua generosidade criou. Nunca mais me faltaria disposição para continuar escrevendo.[102]

E, finalizando seu recado, Hermínio conclui, com emoção: "Deus a abençoe, querida amiga e companheira de jornada evolutiva."

5. AFFONSO SOARES

Affonso Soares e Yvonne Pereira foram muito amigos e da amizade entre ambos "um caso de reencarnação" pôde ser comprovado...

---

101 Carta de Hermínio C. Miranda, 12 de outubro de 2000.

102 PEREIRA, YVONNE A. *Cânticos do coração – I*. 1ª ed., Rio de Janeiro, CELD, 1994, p. 10.

Conheceram-se no dia 27 de julho de 1961. Affonso contava, então, vinte e um anos de idade, e foi ao seu encontro acompanhando o amigo Luis Cavalcanti, de Salvador, Bahia, que foi ao Rio visitá-la. Daquele encontro nasceu uma gostosa amizade, assim definida pelo conhecido esperantista:

> Ela (a amizade com Yvonne) foi – e certamente ainda o é e será – a concretização de uma das muitas manifestações da misericórdia do Cristo para com nossa alma infratora da Lei Suprema.[103]

Em carta que me endereçou, Affonso Soares conta detalhes da personalidade de Yvonne e do sentimento que nutria por ela, conforme peço licença para transcrever:

> De nossa parte, desde o início de nossa amizade até a sua desencarnação – e esse sentimento perdura até hoje – sempre houve um profundíssimo respeito por sua pessoa. É provável que isso tenha raízes no passado, ou talvez nascesse do ascendente irresistível que ela exercia sobre nós. Mas não era um respeito ditado por temor, ou sentimento parecido, pois ela sempre foi humilde, delicada, caridosa. Era semelhante ao sentimento que deve existir entre um filho amoroso e uma mãe devotada. Havia também o sentimento de que ela penetrava o nosso íntimo, lia o nosso caráter, conhecia nossas deficiências. É provável que assim fosse, mas dela sempre emanava para nós um carinho, uma confiança que chegavam a nos confundir, uma vez que pela nossa inferioridade não nos sentíamos dignos, à altura de tão grande distinção e apreço.[104]

Como se pode constatar, ele tinha por Yvonne muito respeito e admiração. Um sentimento bastante verdadeiro os unia, sentimento que dura até hoje, pois Affonso constantemente sonha com a médium, sendo aconselhado e advertido como acontecia em vida física. Afirmou-me ele, também, que ela esporadicamente se manifesta, pela psicografia, em reuniões da FEB, além de ajudar no socorro de alguns espíritos, notadamente os suicidas.

Perguntado sobre se algo marcante se deu entre ambos, ele respondeu que, pelos idos de 1963, quando ainda era iniciante no espiritismo, Yvonne, que se encontrava assistindo a um irmão

---

103 *Carta de Affonso Soares, de 21 de Janeiro de 2002.*
104 Idem.

doente em Volta Redonda, escreveu-lhe revelando-se bastante abatida e desencorajada, pois o irmão não correspondia aos seus desvelos. Desejava, portanto, abandonar a cabeceira do enfermo e pedia uma opinião. Affonso Soares sentiu-se perplexo! "Quem sou eu para opinar sobre suas decisões?", perguntava-se. Mas teve coragem de responder, dizendo que não abandonasse o auxílio e se mantivesse firme. Yvonne ficou muito grata pelo alerta, afirmando-lhe, dias após, que essa foi a mesma opinião do então presidente da FEB, Antônio Wantuil de Freitas.

Explicarei, agora, o que quis dizer sobre a comprovação de "um caso de reencarnação". Lembra do que mencionei no 2º capítulo, sobre o espírito Roberto de Canallejas? Pois bem, no livro *Um caso de reencarnação: eu e Roberto de Canallejas*, Yvonne conta como conheceu o polonês Z. P., ninguém menos do que Roberto reencarnado, com quem travou longa correspondência em esperanto, afirmando que um seu amigo A. S. era quem traduzia as cartas dele e também as dela. Agora observe bem: A.S. são as iniciais de Affonso Soares. Coincidência? Não! Era, de fato, Affonso Soares quem traduzia as cartas e quem intermediou esse reencontro. Perguntado a respeito, ele afirmou em carta:

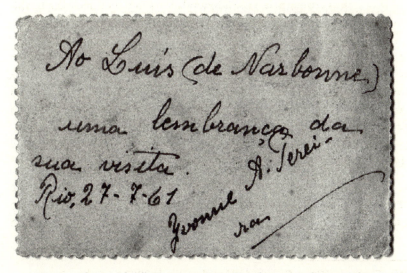

Cartão oferecido por Yvonne a Luis Cavalcanti. A data registra
o dia do primeiro encontro de Yvonne Pereira e Affonso Soares.

127

(...) gostaríamos de tornar público que foi graças à intensa correspondência entre ela e Z. P. que pudemos aprofundar nossos conhecimentos da Língua Internacional Esperanto. Para traduzir as cartas dela, do português para o Esperanto, éramos obrigados a constante, diuturno estudo das obras clássicas, originais e traduzidas, de sua literatura, pois o estilo de D. Yvonne, mesmo quando escrevia cartas, era elegante, clássico, sem ser pedante, e nós não queríamos, de maneira alguma, enfraquecer o conteúdo de tão preciosas lições endereçadas a Z. P. com versões medíocres, pobres, distantes da riqueza do material que fluía de sua pena.[105]

Pessoalmente, na cidade de Niterói, Affonso me revelou o verdadeiro nome do polonês, mantido em sigilo, até então, devido a recomendações da própria Yvonne. Chamava-se ele Zbigniew Plesiñsk.

Aí estão os resultados de mais uma gostosa amizade. Não é sem razão que Affonso Soares diz que sua relação fraterna com Yvonne "foi – e certamente ainda o é e será – a concretização de uma das muitas manifestações da misericórdia do Cristo para com nossa alma infratora da Lei Suprema".

6. JORGE RIZZINI

O livro *Kardec, irmãs Fox e outros*, do jornalista e escritor espírita Jorge Rizzini, traz importantes notas a respeito da médium Yvonne do Amaral Pereira. Também, não poderia ser diferente: Rizzini e ela mantiveram, por quase duas décadas, uma vasta correspondência.

Durante minhas pesquisas, entrei em contato com o confrade paulista que, atenciosamente, colocou-se à disposição para o que pudesse servir. Em setembro de 2000, enderecei-lhe breve carta contendo uma pequena entrevista, à busca de esclarecimentos e dados importantes. Embora afirmasse serem ínfimas suas possibilidades de colaboração, muito do que disse veio enriquecer este trabalho.

Afirmou-me Rizzini que sua amizade com Yvonne começou nos idos de 1965, quando ele, em viagem ao Rio de Janeiro, fez

---

105 Idem.

uma palestra num centro espírita do subúrbio daquela cidade. Ela o teria apresentado ao público.[106]

A partir de então, a comunicação entre ambos não cessaria. Na obra supracitada, ele faz referências às cartas que a médium lhe escrevera, dando notícias de seu precário estado de saúde e de suas perspectivas quanto ao fim de sua tarefa mediúnica, bem como do termo próximo de sua existência física. Além disso, Rizzini conta, com muita alegria, o fato de ter feito com ela, em 1972, um pequenino filme em cores, de apenas três minutos, o que arrancou dele gritos de "aleluia", posto que Yvonne "era arredia à publicidade", como pontuou. Interrogado a respeito, ele me afirmou que a citada filmagem foi realizada no Rio de Janeiro, "em uma praça florida próxima à sua casa", ou seja, próxima à casa da médium (Rizzini morava e mora em São Paulo).

Por telefone, o caro confrade disse-me ainda que os seus contatos não se limitaram a um noticiário meramente formal: Yvonne, por muitas vezes, deu-lhe conselhos e orientações, influenciando positivamente a sua vida.

Em sua abalizada opinião, de amigo e sincero admirador da médium, "o que predominava na personalidade de Yvonne, sem dúvida, era a bondade".[107]

Interroguei, também, se algum fato 'pitoresco', que merecesse ênfase, teve lugar em sua doce amizade. Para surpresa e encantamento meus, ele respondeu:

> Sim, houve um fato entre nós que merece ênfase e que nunca divulguei por precaução. Dizia ela, carinhosamente, que em vida passada eu fora seu filho. Meu coração achava que sim.[108]

Fiquei a meditar na grande caixinha de surpresas que é a vida e nos múltiplos mecanismos utilizados pela Providência Divina para reunir corações que se amam, em reencontros calorosos e animadores, em bênçãos de alegria!

Rizzini foi, e continua sendo, grande e grato amigo de Yvonne...

---

106 Carta de Jorge Rizzini de 5 de outubro de 2000.
107 Idem.
108 Idem.

7. MILTES A. S. C. BONNA

Soube do estreitamento de laços entre a médium Miltes Aparecida Soares de Carvalho Bonna e Yvonne Pereira através do amigo Domério de Oliveira, apresentado no próximo item.

Miltes, dirigente do Centro Espírita Obreiros do Bem e do Instituto Assistencial Meimei, em São Bernardo do Campo, São Paulo, atualmente recebe mensagens ditadas por Yvonne/espírito, que se tem revelado presença marcante nas atividades que desempenha.

Quando estive naquela cidade, em junho de 2004, tive oportunidade de conhecê-la de perto, percorrendo os corredores e salas do impressionante instituto e do centro espírita. Na oportunidade, gravei com ela pequena entrevista, em que revela detalhes do seu contato com Yvonne Pereira.

Tudo começou por volta do ano de 1982, quando, numa reunião específica para atendimento espiritual à distância, ela e uma outra médium do grupo passaram a receber comunicações psicofônicas de "Yvonne Pereira". Não tinham qualquer notícia do seu desencarne, mas, ainda assim, o espírito se apresentava, declinava o nome e atuava de maneira tal que não deixava dúvidas.

Houve um dia, contudo, que constataram, num jornal, que a médium ainda se encontrava encarnada. Como explicar, então, aqueles contatos? Seria animismo? Mistificação? Seria um caso de comunicação *inter-vivos*?

Com essa dúvida, Miltes e sua amiga conseguiram o endereço de Yvonne no Rio e para lá se dirigiram numa sexta-feira, após a reunião. Viajaram toda a noite e foram encontrá-la no bairro de Piedade, onde chegaram às 7h e saíram às 13h, pois tomariam um ônibus de volta a São Paulo às 15h.

Conversaram bastante. Durante o encontro, Yvonne revelou que não mais atuava como médium, mas afirmava que dr. Bezerra havia dito que ela continuava ativa, durante o sono, trabalhando junto aos espíritos. "Mas ele fala para me agradar", teria frisado Yvonne.

Foi então que as amigas contaram o que estava acontecendo: estavam recebendo, nas reuniões da sexta-feira, a presença de Yvonne Pereira, colaborando nos atendimentos e trazendo recomendações. A pupila de Charles se emocionou, deixou que duas lágrimas teimosas rolassem pelo seu rosto, quis saber detalhes sobre a reunião e ficou muito contente, porque "era verdade" o que o dr. Bezerra lhe dizia. Sim, era verdade!

Miltes e sua amiga saíram dali gratificadas. Não estavam sendo enganadas, seja pelos espíritos ou por elas mesmas. Yvonne estava, realmente, trabalhando junto ao grupo de que participavam.

Desde então, Miltes estreitou correspondência com ela, começando uma amizade que se alonga até os presentes dias, numa respeitável parceria mediúnica.

8. DOMÉRIO DE OLIVEIRA

Não é em vão que cito, aqui, o nome de Domério de Oliveira. Sem o concurso desse confrade, nossas páginas estariam incompletas, posto que sua convivência com Yvonne foi larga e estreita, recheada de muita afeição e respeito.

Cheguei a ele através de Jorge Rizzini, que mui gentilmente concedeu-me seus endereço e telefone. Escrevi-lhe, pela primeira vez, em 10 de outubro de 2000, mantendo algumas conversas ao telefone, encontrando-o bastante prestativo, concordando em colaborar com este trabalho.

Minha alegria não foi pequena. Basta dizer que Domério de Oliveira manteve, com Yvonne, uma correspondência tão volumosa, que hoje ele guarda cerca de uma centena de cartas da médium! Exatamente, uma centena de cartas permeadas de assuntos sérios, de conversações saudáveis.

Interrogado, disse-me que seu relacionamento epistolar com a pupila de Charles nasceu de um fato inusitado. Após ter lido o livro *Devassando o invisível*, escreveu, em 1964, um artigo sobre a obra, intitulado "Um Elo de Luz". Yvonne, sabendo da referência, escreveu-lhe, em 28 de maio do mesmo ano, para agradecer, dando início a uma gostosa amizade. Desde então, a correspondência entre ambos não cessaria. Eis como, em uma frase, ele define sua amizade com Yvonne:

> A minha amizade com irmã Yvonne é como a luz dos astros que nunca se perde e nunca se resume.[109]

---

109 Carta de Domério de Oliveira, de 18 de dezembro de 2000.

Diversas questões eram tratadas em seus contatos, principalmente sobre mediunidade, área em que Yvonne destacava-se como exímia conhecedora, e sobre o movimento espírita, embora em segundo plano. Aliás, sobre as impressões de Yvonne acerca desse último ponto, escreveu-me Domério de Oliveira:

> Irmã Ivonne [sic] via o mundo e o movimento espírita de sua época com muita esperança, como uma eterna vigilante dos bons princípios doutrinários à luz dos ensinamentos de Kardec. Ela sempre defendeu Kardec, seguiu e amou Kardec, revelando-se também profunda admiradora dos nossos ínclitos dr. Gabriel Delanne e Léon Denis. Sempre agasalhou fé no futuro da nossa doutrina, sempre com a esperança renovada do triunfo das legítimas lições do Codificador.[110]

Estas e outras impressões ele tem guardado dessa amizade que já dura, ao menos na presente encarnação, mais de quatro décadas, porque, apesar do desencarne da médium, os laços de afeto que os une continuam intensos. Perguntado sobre se, ao longo desse intervalo de separação física, ele vem mantendo contato com a assistida de Bezerra, Domério de Oliveira respondeu:

> Não com freqüência. Recebi da irmã Ivonne [sic] (espírito) apenas uma mensagem comovente, através da psicografia da irmã Miltes (Miltes A. S. C. Bonna). Mas, quando escrevo sobre a doutrina, sinto a sua presença, sinto suas fraternas vibrações. *Ela continua sendo minha grande amiga.*[111] (Grifos do original)

Isso demonstra como a afinidade de propósitos e a pureza de ideal são capazes de manter unidos corações aparentemente distantes.

O túmulo, esse atemorizador de várias mentes e causador de desilusões, não foi capaz de resumir a amizade desses dois espíritos. O verdadeiro amor, assim como a "luz dos astros", nunca se perde, mas se transforma e multiplica até o infinito...

---

110 Carta de Domério de Oliveira, de 28 de outubro de 2000.
111 Carta de Domério de Oliveira, de 18 de dezembro de 2000.

X – Yvonne – Respingos Breves e Avulsos

> Será bom, sim, que os interessados no estudo do Espiritismo atentem nos detalhes das leituras que fizerem, pois que *esses detalhes são preciosos e poderão provocar elucubrações muito elucidativas*. (Grifos meus)
>
> Yvonne[112]

Chegando a este ponto da obra, resta pouco a dizer. Quase tudo já foi explicitado, cabendo apenas alguns acréscimos que julgo indispensáveis para aquilo a que se destina este trabalho: fazer reviver a memória esquecida da médium Yvonne do Amaral Pereira.

Para tanto, resolvi dar a este capítulo o título de "Respingos Breves e Avulsos", porque *detalhes* há, da vida da respeitada médium, que merecem abordagem separada, visto se tratarem de episódios esparsos – por serem breves –, e que, por isso mesmo, são ignorados pelo público.

São *breves* por serem secundários frente aos grandes acontecimentos que marcaram sua vida; e *avulsos*, porque o tratamento aqui dado não obedece a qualquer ordem cronológica ou de outra natureza. Limito-me, também, a apenas noticiá-los, sem maiores considerações.

---

112 PEREIRA, YVONNE A. *À luz do Consolador*. 2ª ed., Rio de Janeiro, FEB, 1997, p. 91.

1. NOTÍCIAS DO *MEMÓRIAS DE UM SUICIDA*

A clássica obra *Memórias de um suicida* não cessa de ser alvo de reconhecimentos pelo seu inestimável valor.

A revista *Reformador* noticiou a sua tradução para o esperanto. É Affonso Soares quem o diz e assinala, em um trecho de seu pequeno informe:

> A tradução, que inegavelmente muito contribui para o enriquecimento da literatura do Esperanto, vem a lume num momento cruciante da transição por que passa a Humanidade, quando se observa a recrudescência dos nefastos efeitos do materialismo, entre eles o suicídio, cuja freqüência *lhe vai conferindo dimensões de verdadeira epidemia.* [113] (Grifos do original)

Além disso, *Memórias de um suicida* também foi incluída numa votação que elegeu as dez melhores obras espíritas do século XX. Votaram confrades de renome, como Domério de Oliveira, Suelly Caldas Schubert, Ricardo Di Bernardi, Carlos de Brito Imbassahy e outros. A pesquisa[114] dá à obra *Memórias de um suicida* o 5º lugar, tendo à sua frente, em ordem crescente, *Nosso lar, Paulo e Estevão, Parnaso de além-túmulo* e *O problema do ser, do destino e da dor*; e, atrás de si, *A caminho da luz, O espírito e o tempo, Há dois mil anos, Evolução em dois mundos* e *Missionários da luz.*

2. *YVONNE DO AMARAL PEREIRA – O VÔO DE UMA ALMA*

Conforme disse alguns capítulos atrás, o amigo Augusto M. Freitas, mineiro de Conselheiro Lafaiete, trouxe à publicidade um livro sobre Yvonne com o título acima apresentado.

É um livro de leitura fácil, que se desenvolve em três partes: a primeira fala de dados da vida da médium e de suas obras; a se-

---

113 *Reformador*, Affonso Soares, "'Memórias de um Suicida' e o Esperanto", ano 117, nº 2041, abril de 1999, p. 23.

114 *Reformador*, "Os Melhores Livros do Século", ano 118, nº 2054, maio de 2000, p. 27.

gunda, apresenta os espíritos amigos de Yvonne; a terceira, traz notícias de fatos correlatos à sua desencarnação.

A obra veio em boa hora, quando o CEYP – Centro Espírita Yvonne Pereira –, presidido pelo próprio autor e tendo cede em Rio das Flores, completava dez anos de existência, em março de 1999.

Perguntado a respeito, eis o que Affonso Soares respondeu-me sobre esse livro:

> É uma obra ditada pelo amor, pela gratidão de uma alma que de Yvonne A. Pereira recebeu inavaliável auxílio para enfrentar duras provações. Todo o seu conteúdo é precioso, pois transfere ao público o legado de uma vida toda dedicada ao serviço com Jesus-Cristo, concretizando assim o que os nobres guias espirituais visavam nos seus trabalhos por intermédio de d. Yvonne: reeducar, consolar, atrair para Deus, orientar os que se propõem ao serviço na seara da mediunidade.[115]

3. ENTREVISTA A HUMBERTO DE CAMPOS

No ano de 1989, o médium Gilberto Campista Guarino fazia publicar, pela editora Arte & Cultura, o livro *É quase amanhã...*, psicografia sua, coletânea de crônicas escritas pelo espírito Irmão X.

Nessa obra, encontram-se anotações valiosíssimas, como a feita a partir da página 69, cujo título é "Estranho Exame", quando, em bela crônica, ele alerta para os perigos que a auto-obsessão vem oferecendo para a criatura humana nos dias de hoje.[116]

Dentre os seus apontamentos, figura um que chama a atenção pelo nome: "Entrevista casual", resultado de um bate-papo descontraído que o bom Humberto de Campos manteve com Yvonne, "lá no outro lado". A entrevista é interessantíssima, e uma grande tentação de transcrevê-la me assalta. Por que não? Ora, porque Augusto M. Freitas já fez a transcrição em sua obra. E quem desejar ler a histórica entrevista, busque ou o seu ou o livro do Guarino.

---

115 Carta de Affonso Soares, de 21 de Janeiro de 2002.
116 GUARINO, GILBERTO CAMPISTA (médium); IRMÃO X (espírito). *É quase amanhã...* 1ª ed., Niterói, Arte & Cultura, 1989, pp. 69-72.

Para mostrar um pouco do que conversaram, transcrevo parte de uma resposta dada por Yvonne a Humberto de Campos, ou Irmão X: "[...] Faculdade mediúnica é feito impressão digital... Cada uma é uma e nenhuma se repete".[117]

4. O ESPERANTO E UM CURIOSO CASO DE REENCARNAÇÃO

Uma grande alegria invadiu-me quando soube, pelo *Reformador* de outubro de 2000, que o texto *Um caso de reencarnação – eu e Roberto de Canallejas*, publicado por aquela revista entre os meses de setembro e dezembro de 1979, tinha sido transformado em livro pela editora Societo Lorenz, pioneira na difusão do esperanto.

Como Affonso Soares faz comentários a respeito da obra, deixo com ele a palavra, pois, melhor do que ninguém, tem autoridade para falar da história que o livro encerra, por ter participado diretamente dos acontecimentos. Acompanhemos alguns trechos de seus comentários:

> O texto tem especial significação para os esperantistas, pelo fato de que foi graças à genial criação de Lázaro Luís Zamenhof – o Esperanto – que as almas protagonistas do belo episódio ali narrado, ligadas pelos laços de um amor imortal, reaproximaram-se no cenário da vida física, onde expiavam a separação imposta por infrações contra a Lei de Deus.

> Esse espírito, Roberto de Canallejas, tornou-se bastante conhecido nos círculos espíritas do Brasil, tanto pela sua atuação como médico através das faculdades mediúnicas de Yvonne A. Pereira, como pela sua participação em enredos de obras literárias a ela ditadas pelos Espíritos Camilo Castelo Branco, Charles, Bezerra de Menezes, em que aparece sob os diferentes nomes das personalidades que animou [...].[118]

Em seguida, ele narra um pouquinho do que o livro traz, convidando "o leitor ao conhecimento de tão edificante relato"...

---

117 Idem, p. 108.
118 *Reformador*, Affonso Soares, "Semeadura Esperantista", ano 118, nº 2059, outubro de 2000, pp. 28.

5. "SORRISO DE ESPERANÇA" HOMENAGEIA YVONNE A. PEREIRA

Yvonne Pereira, Maurício Operti (aos dez anos) e Danilo Villela, em entrevista à Rádio Rio de Janeiro, 1976.

Qual não foi a minha surpresa quando o confrade Affonso Soares informou-me que a Rádio Rio de Janeiro pusera à venda um *cd* com entrevistas de Yvonne, comemorando o terceiro ano do programa "Sorriso de Esperança". A notícia levou-me a prontamente buscar adquirir o *cd*, o que foi possível com a ajuda de meu tio Eládio dos Santos, morador da capital carioca.

Com apresentação de Ana Maria Spranger, o *cd* traz duas entrevistas feitas com a médium nos anos de 1976 e 1978, ambas realizadas pelo confrade Danilo Villela. Nelas, Yvonne se revela austera e bastante lúcida, apesar do avançado da idade, abordando inúmeros aspectos relativos à mediunidade, focalizando médiuns e doutrinadores.

O *cd* é muito bom, como boa e iluminada foi a decisão da citada rádio, o que todos nós, do movimento espírita, agradecemos de coração.

6. O MÊS DE YVONNE

Quando o entrevistei, Divaldo Franco falou-me sobre o "Mês Yvonne Pereira", e foi com assombro, curiosidade e alegria que o ouvi dizer que a Federação Espírita do Estado do Rio de Janeiro estabeleceu um mês por ano para abordar as obras e a vida de Yvonne do Amaral Pereira. Divaldo, então, sugeriu-me entrar em contato com Hélio Ribeiro Loureiro, presidente da entidade, o que logo fiz.

Enviei-lhe uma carta e fui atendido com boa vontade. Em carta-resposta, o confrade Hélio informou que o mês de agosto, a partir de 2001, seria intitulado "Mês de Yvonne Pereira". Agosto foi escolhido porque, segundo uma estatística, é o período do ano em que ocorre maior número de suicídios.[119]

Em cada reunião pública (são quatro semanais), uma obra de ou sobre Yvonne foi estudada, inclusive o livro de Augusto M. Freitas. A atividade alcançou benefícios, tendo sido grande o número de espíritos suicidas socorridos nas reuniões mediúnicas, além de um alto registro, no atendimento fraterno, de pessoas candidatas ao suicídio que desistiram do ato.

Contou-me, ainda, o caro confrade, que, no mesmo mês de agosto, Divaldo proferia palestra numa cidade do Rio de Janeiro. Quando ele chegou perto, antes que falasse qualquer coisa, Divaldo disse-lhe que d. Yvonne se aproximara, dizendo-se bastante feliz com os resultados obtidos com o mês a ela dedicado.

7. O CENTRO ESPÍRITA YVONNE PEREIRA

No dia 14 de janeiro de 1989, nascia, na cidade de Rio das Flores, no Rio de Janeiro, o primeiro centro espírita com o nome de Yvonne Pereira.

A iniciativa de fundar o centro partiu do casal Augusto Freitas e Diva Siqueira, que conheceram Yvonne e com ela travaram significativa correspondência.

D. Diva, à época, recuperava-se de uma difícil provação, e, médium que é, durante um bom tempo ouvia os espíritos dizen-

---

119 Carta de Hélio Ribeiro Loureiro, de 08 de janeiro de 2002.

do que ambos fundariam um centro. Crendo-se obsediada, ela chamava o esposo para perto de si a fim de que orassem e afastassem as más influências.

Um dia, porém, a voz foi mais explícita: fundariam um centro e lhe dariam o nome de Yvonne Pereira. Pronto, pensou ela, a obsessão é feroz!

Contudo, Augusto, seu esposo, lembrou-se de que Yvonne havia nascido em Rio das Flores e que, mesmo residindo em Valença, seria possível realizar algo naquela cidade.

Aos poucos, outros confrades foram aderindo à idéia e, naquele janeiro de 1989, as portas do Centro Espírita Yvonne Pereira foram abertas à comunidade.

Atualmente, funcionando em sede própria, o Centro Espírita Yvonne Pereira é um lugar simples e aprazível, com um belo jardim que transmite a todos muita paz e harmonia.

8. MAIS UMA VEZ, O ESPERANTO

Não poderia passar despercebido, nestas páginas, o interesse e a dedicação de Yvonne ao esperanto, considerado idioma universal. Através dele, muitos fatos positivos aconteceram em sua vida, como o reencontro com Roberto de Canallejas reencarnado e o estreitamento da amizade com Affonso Soares. Retiramos da revista *Reformador* um trecho de belo artigo, cujo título é:

YVONNE PEREIRA E O ESPERANTO

Em carta datada de 30-06-1984, nosso companheiro A. K. Afonso Costa, cuja incansável atividade em torno do Esperanto a serviço do Espiritismo é assaz conhecida, informa-nos sobre os arremates finais no 'Grande Dicionário Português-Esperanto' que vem de compilar. Presentemente nosso amigo relê as 30.000 fichas que compõem a obra, objetivando aparar o máximo de arestas, preencher as inevitáveis lacunas, aprimorando-a tanto quanto possível a fim de que ela venha a prestar os melhores serviços à coletividade a que está destinada.

A. K. Afonso Costa também se refere a uma carta que Yvonne do Amaral Pereira endereçou, em 15-01-1967, a um trabalhador da seara espírita em Minas Gerais, Virgílio Pedro de Almeida, desencarnado em 09-01-1974. Dessa carta A. K. Afonso Costa havia transcrito um trecho que diz respeito ao interesse e carinho dedicados por D. Yvonne ao Esperanto. Nosso companheiro sugere que o apresentemos aos leitores de *Reformador*, pois é de opinião que esse testemunho da saudosa médium pode incentivar muitos outros adeptos ao estudo da Língua Internacional do Dr. Zamenhof. Como partilhamos da mesma opinião, eis o trecho da citada carta:

Ultimamente tenho-me dedicado ao estudo do Esperanto e já escrevo mais ou menos. Tenho um correspondente em Varsóvia, um engenheiro, cuja amizade me é tão grata que chega a ser um bálsamo às minhas provações;[120] e outro na Tchecoslováquia, este, 'discípulo de Espiritismo, encantado com a leitura de O *livro dos espíritos*, a quem estou remetendo O *livro dos médiuns* e O *evangelho segundo o espiritismo*.[121] Tenho gostado imensamente desse estudo. O Esperanto é tão consolador como a própria Doutrina Espírita e sinto-me muito bem envolvendo-me nele. Lamento não me ter sido possível tratar dele há mais tempo. Se tivesse sido possível hoje eu seria tradutora de alguns dos nossos livros. Mas... não tinha que ser mesmo.[122]

Por aí se pode aquilatar a importância que o esperanto tinha para Yvonne, bem como do que pôde realizar através da citada língua, quando auxiliou um companheiro da Tchecoslováquia a conhecer o espiritismo, a fundar um grupo para estudos doutrinários e a buscar reeducar-se moralmente, posto que, aos 65 anos de idade e materialista, passou a dedicar-se ao evangelho, sentindo imensa necessidade de Deus.[123]

9. O PROJETO YVONNE PEREIRA

Em São Bernardo do Campo, Estado de São Paulo, um grupo de amigos resolveu dar forma ao Projeto Yvonne Pereira.

A notícia do projeto foi trazida pela *Revista Internacional de Espiritismo*, de cujas páginas retiramos o seguinte trecho:

---

120 Sobre este correspondente de Varsóvia o leitor encontrará interessante noticiário em um trabalho da médium, intitulado "Eu e Roberto de Canallejas", que *Reformador* publicou em seus números de setembro a dezembro de 1979. (Nota do original).

121 O. M. são as iniciais do nome deste correspondente, hoje na pátria espiritual. Com o auxílio de D. Yvonne, ele conseguiu organizar em sua cidade um pequeno grupo para o estudo da Doutrina (Nota do original).

122 *Reformador*. Affonso Soares, "Yvonne Pereira e o Esperanto", ano 102, nº 1867, outubro de 1984, p. 28.

123 FREITAS, AUGUSTO MARQUES DE. *Yvonne do Amaral Pereira – o vôo de uma alma*. 1ª ed., Rio de Janeiro, CELD, 1999, p. 82.

A homenagem visa resgatar o significado da vida e obra dessa grande médium, da nobre mulher, da trabalhadora sincera e fiel ao Evangelho de Jesus – vivenciado no prisma da Doutrina Espírita que ela tanto amou e serviu –, que deixou expressiva e incomparável contribuição à difusão do pensamento espírita. O Projeto objetiva recordar seus feitos, estimular o estudo de suas obras, resgatar seu exemplo para o aprendizado comum e especialmente divulgar suas obras.[124]

Nesse sentido, os confrades de São Bernardo do Campo, representados na figura do sr. Raimundo Brito, têm enviado correspondências para casas espíritas do Brasil e do mundo, convidando o movimento espírita a se voltar para o estudo da vida e da obra de Yvonne do Amaral Pereira.

10. YVONNE TERIA SIDO PROFESSORA?

No item terceiro dos "Dados Biográficos" constantes em *À luz do Consolador*, Yvonne lembra o equívoco a que muitos chegaram supondo-a professora, o que ela desmente, afirmando que tivera, apenas, o curso primário, fato que lhe constituiu dolorosa provação.[125]

Como julgasse um tanto curiosa essa espécie de afirmação, fiquei a questionar-me sobre se algo não teria dado lugar a uma tal suposição. Ainda com esse pensamento, deparei-me, à página onze de *Reformador*, edição de agosto de 1984, com um texto de Kleber Halfeld, cujo título é "Carta a Yvonne A. Pereira". Nele, o autor recorda de quando, como e com quem começou a aprender espiritismo, citando Yvonne como uma das suas primeiras 'orientadoras'. Teria sido de tais atividades, que ela desempenhava muito bem, que advieram tais idéias? É uma hipótese bem possível.

* * *

Como não seria justo citar a carta e não transcrevê-la, é com ela que fecho, sem mais palavras, este breve, avulso capítulo:

---

124 "Projeto Yvonne do Amaral Pereira", in *Revista Internacional de Espiritismo*. Ano LXXIX, n° 03, Março de 2004, p. 96.

125 PEREIRA, YVONNE A. *À luz do Consolador*, 2ª ed., Rio de Janeiro, FEB, 1997, pp. 13-14.

Querida irmã.

Ao passar hoje de manhã em frente da casa 14 da Fundação João de Freitas, recordei, mais intensamente, sua figura amiga. Foi naquela residência que ouvi, de seus lábios, as lições primeiras de Doutrina Espírita.

Decorridos tantos anos, tudo se me apresentou com clareza marcante, como quadros gravados em grande tela magnética, de que faz referência a maravilhosa obra *Memórias de um suicida*[126] recebida pela sua mediunidade.

Era eu, então, um menino. Dentro do velho Pontiac, conduzido por meu pai, passávamos na residência do confrade Antônio Bernardino de Oliveira, secretário daquela obra de assistência social de Juiz de Fora, para em seguida rumarmos até a casa em que residia a querida irmã, na companhia daquela que foi um coração amigo do seu – Caliope Braga de Miranda, a conhecida D. Zuzu.

Somávamos, ao todo, duas dezenas de garotos. Naquela época não dispunham os orientadores espíritas das obras especializadas para a infância que hoje as editoras oferecem, bem como dos indispensáveis complementos agora distribuídos pelos Departamentos de Evangelização da Infância e Juventude. Nem por isso, entretanto, suas palestras chegavam a nos entediar. Com que simpatia olhávamos para sua figura e com que enlevo ouvíamos suas palavras firmes, mas sempre emolduradas por doce ternura de amiga, mãe e mestra. Os temas, via de regra, eram tirados das obras de Léon Denis. E para estudo, durante a semana, recebíamos ao final do encontro, de suas mãos, primorosos cadernos com lições baseadas nos livros de Kardec.

Um domingo, no final do ano, três confrades vieram visitar-nos. Se não me falha a memória eram eles o Antônio Scanapieco, o Histórico Venâncio de Almeida e o Pedro Luiz Falcetti. Esclareceram, entre sérios e bondosos, que naquela manhã iriam testar o conhecimento da turma... Um frio correu pela nossa espinha, mas a verdade é que não havia motivo para tamanha preocupação. E, no final, sorrisos e abraços dos visitantes denunciaram a aplicação dos garotos e a competência, principalmente, da orientadora...

Tempos depois fomos surpreendidos com triste notícia. A de que outra orientadora a substituiria, por causa de sua mudança para distante cidade. Foi uma dor profunda para todos nós, acostumados ao seu carinho, dedicação e amizade, não nos confortando as palavras dos diretores da instituição de que um dia a querida irmã voltaria ao nosso convívio, o que, em verdade, não aconteceu. Seria necessário muito tempo para que a resignação voltasse aos nossos corações e nos alegrássemos por saber que outras crianças estariam

---

126 Esta obra teve a colaboração dos espíritos Camilo Cândido Botelho e Léon Denis. Edição FEB. (Nota do original).

desfrutando da satisfação de receber as mesmas lições de amor e sabedoria.

Tudo isso me veio à mente, hoje de manhã, ao passar em frente da casa onde nos reuníamos aos domingos, quando voltei a sentir o mesmo impacto que aquele experimentado num distante dia de minha infância. Chegava ao meu conhecimento a notícia de sua partida para a Pátria Espiritual. Não mais poderíamos ler outras páginas – embora esparsas – publicadas pelo órgão que a irmã tanto amava e respeitava: a revista *Reformador*.

Resta-nos, agora, o conforto de sua presença, através das lições de firmeza doutrinária que a caracterizaram.

Restam-nos as obras que traduzem sua observação na 'ambiência etérica' das mais diferentes regiões, através das "faculdades psicométricas espirituais"[127] ou por intermédio de faculdades outras, de que era portadora.

Constituem, todas, um curso extraordinário de Doutrina Espírita, a par dos conhecimentos gerais que normalmente nos transmitem.

Porque delas emergem o Brasil e a França, a Espanha e a Rússia, a reviverem um passado agitado; personagens em dolorosos quadros de resgate, identificando a amarga – mas indispensável – lei de causa e efeito, de ação e reação, ou acontecimentos na sua verdadeira roupagem, desconhecidos ou propositadamente ocultados pelos compêndios de nossa História.

E, em todas as obras, através da linguagem escorreita e sempre plena de ensinamentos evangélicos, o relato das organizações terrenas ou espirituais, com seus exemples de amor e luz ou de ódio e treva...

Afirmam, saudosa irmã, que nosso querido Francisco Cândido Xavier teria dito certa vez que 'para a cerca permanecer de pé é necessário que os mourões fiquem separados'...

É a realidade que ora divisamos, embora adivinhemos da companhia que estará experimentando junto àqueles que, no campo da mediunidade, tanto a auxiliaram: Charles e Léon Tolstoi; Bezerra de Menezes e Léon Denis; Victor Hugo e Inácio Bittencourt.

Receba, querida trabalhadora, a vibração amiga de quem muito lhe deve.[128]

---

127 Palavras da própria Yvonne A. Pereira, em O *cavaleiro de Numiers*, Edição da FEB. (Nota do original)

128 *Reformador*, Kleber Halfeld, "Carta a Yvonne A. Pereira", ano 102, nº 1865, agosto de 1984, pp. 11-12.

XI – Yvonne Pereira: Uma Heroína Silenciosa

> (...) ingressando na vida terrena para uma encarnação expiatória, eu deveria, com efeito, morrer para mim mesma, renunciando ao mundo e às suas atrações, para ressuscitar o meu espírito, morto no pecado, através do respeito às leis de Deus e do cumprimento do dever, outrora vilipendiado pelo meu livre arbítrio.
>
> Yvonne[129]

Estava reestudando o *Recordações da mediunidade* para compor o capítulo "Yvonne e a Mediunidade", quando meus olhos se detiveram e, brilhando de alegria, me informaram que eu encerraria esta 'minha obra' encabeçando o seu último capítulo com o trecho supra-transcrito, verdadeira confissão feita por Yvonne.

É, *Yvonne*. Uma *médium*. *Uma heroína silenciosa*!

Desde que comecei a escrever a obra, sabia do seu título. Quem o deu não fui eu, não mesmo – foi o Chico, quando tão carinhosamente assim a denominou, no registro feito por Suelly Caldas Schubert no seu *Testemunhos de Chico Xavier*.[130] Eu ape-

---

129 PEREIRA, YVONNE A. *Recordações da mediunidade*, 7ª ed., Rio de Janeiro, FEB, 1992, p. 26.

130 SCHUBERT, SUELLY CALDAS. *Testemunhos de Chico Xavier*, 2ª ed., Rio de Janeiro, FEB, 1991, p. 348.

nas copiei o Chico. Mas foi uma cópia saudável, porque Yvonne do Amaral Pereira é merecedora dessas palavras.

De tudo que estudamos até aqui, fácil é perceber como ela entregou a sua vida à prática da mediunidade a serviço do bem. Todo aquele que lê, que estuda, medita, se emociona, chora e cresce com seus livros, sua vida, com sua presença espiritual, percebe o tamanho de sua vitória sobre si mesma, compreendendo a extensão do seu exemplo de médium e discípula do Evangelho.

Sim, porque, se ela morreu para o mundo, como bem afirma, renasceu mais fulgurante no regaço do amor, abrindo os braços para a eternidade, insculpindo seu nome, para sempre, no rol dos destemidos obreiros do Senhor!

Feliz foi Charles quando cunhou a frase apresentada no início deste livro, porque, com efeito, agora renovada "para o amor de Deus", Yvonne, a Berthe de Soumerville de outrora, é "considerada exemplo para as almas frágeis, que se deixam descrer do próprio progresso"!

Confessarei uma coisa: este último capítulo, antes de ser um último capítulo, é uma espécie de oração! Dei-lhe a feição que tomou para podermos refletir mais um pouco.

E, já tendo dito um algo do que gostaria, vou fazer uma exortação, não a você, a quem diversas vezes já me dirigi, mas a ela, Yvonne do Amaral Pereira:

"Alma Amiga! Deus te abençoe pela sua existência aqui, entre nós!

"Sei que ainda sou muito pequeno – mas sou teimoso, e muito; por isso, resolvi escrever sobre você. Perdoe-me a intimidade – é que eu li tanto, estudei tanto, aprendi tanto com você, que sinto como se, realmente, com você já tivesse convivido. Será que sim? Só Deus sabe! Eu, contudo, sei de uma coisa: minha vida espírita pode ser dividida em duas fases: antes e depois de conhecê-la! Por isso, muito obrigado por tudo, principalmente por ser assim tão amiga e tão decidida ao triunfo sobre si mesma.

"Você verdadeiramente impressionou-me, porque reconheci, em sua história, não um espírito que se preparou longamente, na espiritualidade superior, para uma missão relevante

146

entre nós. De outra forma, reconheci um espírito arredio, rebelde por assim dizer, que à custa de inomináveis renúncias submeteu-se a provas dolorosas, que venceu tão sabiamente a ponto de convertê-las em linda missão de amor e progresso.

"Você conseguiu transformar o ódio e os impulsos vingativos, a leviandade e a fraqueza moral de outrora, em amor e perdão, honestidade e fortaleza, levando uma vida eivada de sacrifícios íntimos.

"Por isso é que me sinto mais confiante!

"Eu, como a maioria dos que te lêem, buscando abrigo sob a égide do Consolador Prometido, encontro em seu exemplo um combustível especial, a fim de manter acesa, na esteira espinhosa da evolução, o luzeiro diminuto que impede quedas.

"Escrever este livro, estou muito bem certo disso, não foi uma decisão deliberada. Foi a *força do seu heroísmo silencioso* que me impeliu a tanto.

"Por vezes, era como se você estivesse aqui, perto de mim, soprando-me aos ouvidos as páginas que deveria consultar, os detalhes mais delicados, os momentos mais importantes. Por vezes, cheguei mesmo a sentir o seu coração junto ao meu, transmitindo, *silenciosamente*, um pouco de calor e estímulo. Por vezes, cheguei mesmo a crer que não eram minhas as mãos que escreviam, tamanha a vida que emana de suas páginas.

"Mais uma vez, muito obrigado por ter se transformado nessa alma vitoriosa, obrigado por ser – *uma heroína silenciosa*!"

ANEXO

CARLOS IMBASSAHY

Dr. Carlos Imbassahy, como ficou largamente conhecido no movimento espírita, nasceu a 09 de setembro de 1884, desencarnando em 1969, a 04 de agosto, vítima de uma leucose aguda que em menos de seis meses o fez sucumbir.

Bacharel em direito, chegou a ser promotor público na comarca de Andaraí, na Bahia, estado onde nasceu. Porém, devido a perseguições inúmeras que sofreu, deixou a carreira jurídica, indo para o Rio de Janeiro. Lá, por concurso, ingressou na carreira de estatístico do Ministério da Fazenda.

Foi através de Amaral Ornelas que conheceu o espiritismo. Por seus dotes jornalísticos, chegou a assumir a redação da revista *Reformador*, órgão de divulgação da FEB, instituição que publicou algumas de suas obras.

Casado com d. Maria, teve um único filho, Carlos de Brito Imbassahy, hoje também conhecido por seus escritos espíritas.

Dr. Imbassahy publicou inúmeras obras, das quais podemos destacar O *espiritismo à luz dos fatos*, *A mediunidade e a lei* e *Religião*, leitura obrigatória para todo bom estudioso do espiritismo.

DIVALDO PEREIRA FRANCO

Baiano de Feira de Santana, Divaldo Pereira Franco nasceu no dia 05 de maio de 1927.

Desde os seus cinco anos já via espíritos e, com um pouco mais de idade, participou de sua primeira reunião mediúnica. Nela, manifestou-se, através dele mesmo, um irmão seu que desencarnara de forma dolorosa, começando, então, a sua atividade mediúnica.

Divaldo é conhecido mundialmente pelo dom da palavra. Considerado um dos mais notáveis oradores espíritas que se conhece, já percorreu mais de cinqüenta e quatro países, proferindo mais de dez mil palestras.

Como médium, ainda, destaca-se o seu trabalho psicográfico. Inúmeras obras já foram escritas por seu intermédio, e espíritos como Ernesto Bozzano, Amália Domingos Soler, Bezerra de Menezes, Eurípedes Barsanulfo e Yvonne Pereira, entre outros, servem-se, de quando em vez, de sua pena mediúnica para deixarem seus recados. Na escrita de livros, destacam-se: Manoel Philomeno de Miranda, Victor Hugo, Amélia Rodrigues, Rabindranath Tagore, Vianna de Carvalho, Marco Prisco e Joanna de Ângelis, espírito este que vem orientando a sua tarefa.

No campo filantrópico, Divaldo fundou, juntamente com seu primo Nilson de Souza Pereira e outros colaboradores, a Mansão do Caminho, um complexo assistencial ligado ao Centro Espírita Caminho da Redenção que atende a cerca de três mil pessoas diariamente.

FRANCISCO CÂNDIDO XAVIER

Considerado a maior 'antena paranormal' de que se tem notícia, Francisco Cândido Xavier, mais conhecido como Chico Xavier, nasceu a 02 de abril de 1910 e desencarnou em 30 de junho de 2002.

Exemplo de bondade e dedicação à filantropia, médium de inúmeras possibilidades, como vidência, audiência, psicofonia, efeitos físicos e desdobramento, foi como psicógrafo que fez gravar seu nome na história do espiritismo e do mundo.

Aos vinte e um anos, o médium mineiro lançaria a sua primeira obra psicografada, *Parnaso d'além-túmulo*, onde constam poemas dos mais variados e respeitados poetas desencarnados, como Augusto dos Anjos, Castro Alves, Auta de Souza e Olavo Bilac. Em seguida, não pararia de psicografar e publicar livros, que foram bem mais de quatrocentos títulos, como os romances históricos de Emmanuel, espírito considerado dos mais evoluídos que se têm comunicado na Terra, que foi o senador romano Publius Lentulus à época de Jesus e o padre Manoel da Nóbrega, fundador da cidade de São Paulo.

Além dos romances e demais livros de mensagens de Emmanuel, as obras de André Luiz também são referenciais da produção de Chico. Esse espírito fez publicar uma série de dezesseis livros onde estuda as nuances da realidade espiritual. O primeiro deles, *Nosso lar*, é considerado um *best-seller*, tendo sido considerado mais importante livro espírita publicado no século XX.

Mas não foi somente pelos livros que Chico ficou conhecido – também grande foi a sua tarefa consoladora. Inúmeras foram as famílias que se reconfortaram à luz do seu labor, recebendo mensagens de entes queridos que voltavam para afirmarem sua existência, apesar da morte. Muitos desses relatos, inclusive, estão enfeixados em livros.

Chico não reteve os direitos autorais de nenhuma de suas obras, tendo sido, todas, doadas para entidades filantrópicas.

Outro traço distintivo de sua vida era a humildade. Não há quem se lhe equipare nesse sentido. Nada obstante ser espírito de elevada envergadura espiritual, certa vez afirmou que não passava de um burrico, cuja existência se restringia a auxiliar o próximo.

Talvez a personalidade espírita sobre quem mais existem livros biográficos disse que o seu próprio nome encerrava aquilo que ele era – Francisco, um Cisco.

HERMÍNIO CORRÊA DE MIRANDA

Escritor bastante lido e difundido no meio espírita, Hermínio Corrêa de Miranda nasceu no ano de 1920 e tem se demonstrado verdadeiro mestre na arte das letras. De suas produções ressaltam a profundidade, o didatismo e a beleza tão naturais aos espíritos em franco processo de ascensão espiritual.

A serviço profissional, residiu, por algum tempo, nos EUA, onde pôde aperfeiçoar seus conhecimentos, conduzindo-os a caminhos curiosos. Baste-se dizer que seus temas preferidos são: cristianismo (teologia), mediunidade, regressão de memória e reencarnação, sendo esta última a que mais despertou seu interesse.

Wilson Garcia, escrevendo sobre ele, chama-o "escritor dos escritores", equiparando-o a Ernesto Bozzano pelo fôlego que tem para pesquisas tão amplas quão substanciosas.

O primeiro livro foi *Diálogo com as sombras*, um verdadeiro tratado sobre a doutrinação dos espíritos. A esse muitos se seguiram, destacando-se *A memória e o tempo* e *Diversidades dos carismas*, que formam com o *Diálogo com as sombras* uma curiosa trilogia; *As marcas do Cristo*, tese em que defende serem Paulo e Lutero um e único espírito, dentre outros.

AFFONSO SOARES

Ele nasceu em 1940, no Rio de Janeiro, e conheceu o espiritismo em 1959. Daí até então, Affonso Soares tem se destacado como grande difusor dos conhecimentos espíritas, sendo ativo articulista da revista *Reformador*.

Quem tem o hábito de ler o periódico acima citado, percebe a dedicação do confrade ao esperanto. Com efeito, ele tem sido um grande propagandista do idioma universal, exortado que foi, no início de sua vida doutrinária, pelo espírito Bezerra de Menezes a voltar-se para esse ideal.

Atualmente, Affonso Soares pertence à diretoria da FEB, onde trabalha desde 1976, como 2º secretário e diretor do departamento de esperanto, dedicando-se também a outros serviços administrativos, doutrinários e mediúnicos.

JORGE RIZZINI

Paulista criado no Rio de Janeiro, Jorge Rizzini nasceu a 25 de setembro de 1924. Seus pais, Joaquim Vicente Andrade Rizzini e Cecília Toledo Rizzini, eram espíritas antes de seu nascimento, e seu pai era médium de psicofonia e vidência.

Desde criança, assistia a reuniões mediúnicas em sua própria residência, da qual participavam seu pai, sua mãe, o irmão mais velho, ele e a avó. Foi com essa idade, também, que tomou conhecimento de O *livro dos espíritos*, cujas lições causaram-lhe forte emoção desde a primeira vez que foi folheado.

Sua infância foi povoada por fenômenos mediúnicos, mas foi com dezesseis anos, já em São Paulo, que se dedicou à mediunidade, num centro espírita do bairro de Lavapés, onde conheceu Iracema Sapucaia, também médium e atual esposa.

Destacou-se pela enérgica defesa da doutrina diante das câmeras de televisão, em debates com o padre Quevedo e pela sua produção psicográfica. Aliás, no campo da psicografia de poemas, ele se destaca com o livro *Antologia do mais além*, onde figuram nomes como os de Casimiro de Abreu, Augusto dos Anjos e Castro Alves. O livro levou Francisco Cândido Xavier a recomendá-lo a J. Herculano Pires, que prefaciou a obra.

No campo das músicas mediúnicas, tem sido intérprete dos espíritos Lamartine Babo, Ary Barroso, Noel Rosa, Ataúlfo Alves, Francisco Alves, Assis Valente e Vicente Paiva, entre outros. Tanto música quanto letras são mediúnicas.

É escritor e jornalista. Suas obras mais conhecidas são *Materializações em Uberaba*, onde relata os fenômenos realizados com o concurso da célebre médium Otília Diogo, e *Kardec, irmãs Fox e outros*, em que fala sobre a vida de Kardec, a saga das Fox, o espiritismo na Ásia e na Europa, a vida das médiuns Eusápia Paladino, Leonore Piper e muitos outros assuntos. Também publicou o livro *J. Herculano Pires – o apóstolo de Kardec*, fruto de trinta anos de pesquisa.

MILTES A. S. C. BONNA

Filha de Isaura Custódio de Carvalho e Ezequiel Soares de Carvalho, Miltes Aparecida Soares de Carvalho Bonna é natural de Santa Adélia, estado de São Paulo. Foi lá que conheceu o espiritismo, desde pequenina, pois nasceu em família espírita, participando do Centro Espírita Humildade e Amor.

Aos dezessete anos, transferiu residência para São Bernardo do Campo, a fim de dar início à carreira de educadora. A partir de então, ela, juntamente com familiares, daria corpo ao Centro Espírita Obreiros do Senhor, que vem presidindo desde alguns anos. Ali, nasceu a Creche Meimei, que daria origem, em 25 de agosto de 1979, ao Instituto Assistencial Meimei, complexo assistencial que atende a centenas de crianças.

Descobriu-se médium aos vinte e dois anos, quando, após uma convulsão, foi orientada a dedicar-se ao cultivo da mediunidade, o que representou para ela não apenas a cura da doença, mas a descoberta de um novo mundo. Teve, como orientador, a figura respeitável de Edgard Armond, conhecido pela criação das escolas de médiuns, em São Paulo e no Brasil.

Como psicógrafa, trouxe-nos os livros *Peripécias de quatro jovens*, pelos espíritos Nivaldo, Walter Sílvio, José e Bráulio; *Evangelho no lar – para crianças de 8 a 80*, em dois volumes, pelo espírito Meimei, além de outras obras que permanecem inéditas. Recebe, também, mensagens do espírito Yvonne Pereira.

DOMÉRIO DE OLIVEIRA

Domério de Oliveira é natural de Monte Azul Paulista, estado de São Paulo, tendo nascido a 25 de abril do ano de 1926. Muito cedo foi morar em Catanduva, onde atuou como advogado e foi professor. Atualmente, mora na capital paulista, mantendo-se ativo nas lides jurídicas.

De família espírita, ministra cursos diversos, é expositor e escritor fluente. Aliás, é como escritor, e precisamente como jornalista, que se tem destacado, por sua colaboração em diversos periódicos, como a *Revista Internacional de Espiritismo*, os jornais O *Clarim*, O *Semeador* e *Despertador*, tendo sido diretor deste último.

Escritor sensível, racional e lógico, publicou quatro coletâneas dos artigos e crônicas que escreveu ao longo da vida – *A semente que meu pai plantou* (1973), *O grito de Damasco* (1980), *Pelos degraus da vida* (1993) e *Nos rastros do Eterno* (1998) –, além do livro *A vida em quadras* (1989), onde aborda a filosofia espírita em cento e cinqüenta e duas quadrinhas. Também publicou *Trovas e sonetos à luz do evangelho*, de onde extravasam as suas qualidades de poeta singular.

Bibliografia

Biografia de Carlos Imbassahy. [*on line*] www.plenus.net.

Boletim GEAE, ano 11, nº 463, 12 de agosto de 2003.

BOZZANO, ERNESTO. *Enigmas da Psicometria*. 2ª ed., Rio de Janeiro, FE, 1981.

CARVALHO, HELENA MAURÍCIO CRAVEIRO. *SOS – espíritos socorrem a terra*. 1ª ed., São Paulo, Mnêmio Túlio, 1997.

Sorriso de esperança – CD em homenagem a Yvonne A. Pereira. Produzido em agosto de 2001.

Conversa telefônica, na noite do dia 29 de dezembro de 2002.

D'ESPÉRANCE, ELISABETH. *No país das sombras*. FEB, 6ª ed., Rio de Janeiro, 1992.

FRANCO, DIVALDO P. *Entrevista pessoal, em 27 de novembro de 2001, no Centro Espírita Caminho da Redenção*.

_____ (médium); CARVALHO, Vianna de . (espírito). *Médiuns e mediunidade*. 4ª ed., Salvador, LEAL, 1996.

FREITAS, AUGUSTO MARQUES DE. *Da curiosidade à renovação social*. 1ª ed., Rio de Janeiro, CELD, 2003.

_____. *Yvonne do Amaral Pereira – o vôo de uma alma*. 1ª ed., Rio de Janeiro, CELD, 1999.

GAMA, RAMIRO. *Lindos Casos da mediunidade gloriosa*. 1ª ed., São Paulo, LAKE, 1977.

GUARINO, GILBERTo CAMPISTA (médium); Irmão X (espírito). *É quase amanhã...*". 1ª ed., Niterói, Arte & Cultura, 1989.

HALFELD, KLEBER, "Carta a Yvonne A. Pereira". *Reformador*, ano 102, nº 1865, agosto de 1984.

INCONTRI, DORA. *A educação segundo o espiritismo*. 3ª ed., São Paulo, FEESP, 1999.

KARDEC, ALLAN. *O evangelho segundo o espiritismo*. 201ª ed., São Paulo, IDE, 1996.

_____. *O livro dos médiuns*. 38ª ed., Aras, IDE, 1995.

LÍRIO, PASSOS. "Educar-se para Educar". *Reformador*, ano 118, nº 2056, FEB, julho de 2000.

LOUREIRO, CARLOS BERNARDO. *As mulheres médiuns*. 1ª ed., Rio de Janeiro, FEB, 1996.

_____. *Caderno de espiritismo, ensaio literário – I*, 1ª ed., Salvador, 1989.

_____. *Dos raps à comunicação instrumental*. 1ª ed., Rio de Janeiro, Societo Lorenz, 1993.

LOUREIRO, HÉLIO RIBEIRO. *Carta de 08 de janeiro de 2002*.

MARTINS, JORGE DAMAS. *O 13º apóstolo – as reencarnações de Bezerra de Menezes*. 1º ed., Bragança Paulista, Lachâtre, 2004.

MIRANDA, HERMÍNIO C. *Diversidade dos carismas – II*. 3ª ed., Rio de Janeiro, Lachâtre, 2000.

OLIVEIRA, DOMÉRIO. *Pelos degraus da vida*. 1ª ed., São Paulo, João Scortecci, 1993.

_____. *Carta de 10 de outubro de 2000*.

_____. *Carta de 18 de dezembro de 2000*.

_____. *Carta de 28 de outubro de 2000*.

OPERTI, MAURO. "Yvonne A. Pereira, Carlos Imbassahy e a Delicadeza". *Reformador*, ano 118, nº 2057, agosto de 2000.

_____. *Conversa telefônica em 29 de dezembro de 2002*.

_____. *Conversa telefônica em 30 de janeiro de 2003*.

PAZZINATO, ALCEU LUIZ; SENISE, MARIA HELENA VALENTE. *História moderna e contemporânea*. 1ª ed., São Paulo, Ática, 1992.

PEREIRA, YVONNE A. *À luz do Consolador*, 2ª ed., Rio de Janeiro, FEB, 1997.

_____ (médium); BRANCO, CAMILO CASTELO (espírito). *Memórias de um suicida*. 8ª ed, Rio de Janeiro, FEB, 1987.

_____; TOLSTOI, LÉON (espírito). *Ressurreição e vida*. 17ª ed., Rio de Janeiro, FEB, 1994.

_____; CHARLES (espírito). *Amor e ódio*. 12ª ed., Rio de Janeiro, FEB, 1997.

_____. *O cavaleiro de Numiers*, 7ª ed., Rio de Janeiro, FEB, 1991.

_____. *Nas voragens do pecado*. 7ª ed, Rio de Janeiro, FEB, 1989.

_____. *O drama da Bretanha*. 6ª ed., Rio de Janeiro, FEB, 1991.

_____. *Cânticos do coração – I e II*". 1ª ed., Rio de Janeiro, CELD, 1994.

_____. *Devassando o invisível*. 5ª ed, Rio de Janeiro, FEB, 1984.

_____. *Recordações da mediunidade*. 7ª ed., Rio de Janeiro, FEB, 1992.

_____. *Um caso de reencarnação – eu e Roberto de Canallejas*. 1ª ed., Rio de Janeiro, Societo Lorenz, 2000.

_____; MENEZES, BEZERRA DE (espírito). *A tragédia de Santa Maria*. 11ª ed., Rio de Janeiro, FEB, 1992.

_____. *Dramas da obsessão*. 8ª ed., Rio de Janeiro, FEB, 1994.

_____; BRANCO, CAMILO CASTELO (espírito); MENEZES, BEZERRA DE (espírto) *Nas telas do infinito*. 8ª ed, Rio de Janeiro, FEB 1987.

_____; CHARLES (espírito); TOLSTOI, Léon (espírito). *Sublimação*. 6ª ed, Rio de Janeiro, FEB, 1990.

PRATES, MARILDA. *Reflexão e ação em língua portuguesa – 7ª série*. 1ª ed., São Paulo, Ed. do Brasi, 1984.

Revista Internacional de Espiritismo, "Projeto Yvonne Pereira", ano LXXIX, nº 03, março de 2004.

Reformador, "Os Melhores Livros do Século", ano 118,nº 2054, maio de 2000.

RIZZINI, JORGE. *Kardec, irmãs Fox e outros*. 2ª ed., Capivari, EME, 1994.

_____. *Carta de 05 de outubro de 2000*.

_____. *Carta de 12 de outubro de 2000*.

SCHUBERT, SUELLY CALDAS. *Testemunhos de Chico Xavier*, 2ª ed., Rio de Janeiro, FEB, 1991.

SOARES, AFFONSO. "'Memórias de um Suicida' em Esperanto". *Reformador*, ano 117, nº 2041, abril de 1999.

_____. "Semeadura Esperantista". *Reformador*, nº 118, nº 2059, outubro de 2000.

_____. *Carta de 21 de Janeiro de 2002*.

SOCIRO, ALFREDO CORREIA. *Psicodrama e psicoterapia*. 1ª ed., São Paulo, Editora Natura.

TOLSTOI, LÉON. *Ana Karenina*. São Paulo, Abril, 1971.

XAVIER, FRANCISCO CÂNDIDO (médium); EMMANUEL (espírito). *Intervalos*. 1ª ed., Matão, O Clarim, 1981.

MAURICE LACHÂTRE
(1814-1900)

Em seu nome, a editora Lachâtre homenageia uma das figuras mais luminosas e corajosas da França, no século XIX. Nascido em Issoudun, no departamento de Indre, em 1814, Maurice Lachâtre mudou-se ainda jovem para Paris, atraído pela borbulhante vida intelectual da capital francesa. Editor e escritor, foi em ambas as atividades o contestador por excelência, em choque permanente com o regime político e a religião católica dominante. Em 1857, foi condenado a um ano de prisão e a uma multa de seis mil francos, por ter editado o romance *Os mistérios do povo*, de Eugén Sue, que difundia os ideais socialistas. No ano seguinte, sofreu nova condenação pelo regime de Napoleão III (que Victor Hugo chamou de Napoleão, o pequeno), pela publicação do *Dicionário universal ilustrado*. A pena era duríssima: seis anos de prisão. Para escapar, Lachâtre refugiou-se na Espanha, estabelecendo-se como livreiro em Barcelona. Homem inquieto, atento às novidades, acompanhava de perto o grande movimento de renovação espiritual que surgia em seu país. Em 1861, escreveu a Allan Kardec, solicitando-lhe a remessa de livros espíritas, que desejava comercializar em sua livraria. Kardec enviou dois caixotes, contendo trezentos livros. A remessa atendia a todos os requisitos legais da alfândega espanhola, mas a sua liberação foi sustada, sob a alegação de ser indispensável a aprovação do bispo de Barcelona, Antonio Palau y Termens. Lidas as obras, o padre concluiu que se tratavam de livros perniciosos, que deviam ser lançados ao fogo, "por serem imorais e contrários à fé católica". A execução ocorreu no dia 9 de outubro de 1861, ficando conhecida entre os espíritas como o Auto-de-fé de Barcelona.

A partir daí, os padres passaram a vigiar de perto as publicações de Lachâtre. O dedo da igreja encontra-se por trás da sentença da justiça, de 27 de janeiro de 1869, que condenava à destruição a *História dos papas*, que Lachâtre publicara em 1842-43, em dez volumes. Não foi o suficiente para abatê-lo.

Em 1870, quando ocorre a Comuna, Lachâtre retorna a Paris, num lance de ousadia, e passa a colaborar no jornal *Vengeur*, de Félix Pyat. A vitória do governo e a violentíssima repressão levaram-no de volta à Espanha, onde manteve a sua intensa atividade intelectual. Em 1874, publicou dois livros, a *História do consulado e do império* e a *História da restauração*. Seis anos depois, saía a *História da inquisição*. Com a anistia, retornou à França, fundou uma nova editora, em Paris, e entregou-se de corpo e alma à sua grande obra, o *Novo dicionário universal*, considerada por seus contemporâneos a maior enciclopédia de conhecimentos humanos até então publicada. Incluía, inclusive, todos os termos específicos do vocabulário espírita.

Maurice Lachâtre morreu em Paris, em 1900.

Esta edição foi impressa pela Yangraf Gráfica e Editora Ltda., São Paulo, SP, sendo tiradas três mil cópias em formato fechado 15,5cm x 22,5cm, em papel Norbrite 66,6 g/m² para o miolo e Cartão Triplex Ningbo 250g/m² para a capa. O texto principal foi composto em Revival 565 BT 10,5/12,6 e os títulos em Revival 565 BT 16/19,2. A capa foi elaborada por Andrei Polessi.
Novembro de 2014